AF360863

Ph. MORÈRE

UN DISCIPLE ARIÉGEOIS DE PROUDHON ET DE BLANQUI

VICTOR PILHES

COMMISSAIRE DU GOUVERNEMENT PROVISOIRE

REPRÉSENTANT DU PEUPLE

AVEC PORTRAIT

Préface de M. Georges RENARD

FOIX
IMPRIMERIE-LIBRAIRIE GADRAT AINÉ
Rue de La Bistour

1924

VICTOR PILHES

Portrait dessiné d'après nature, par GUILBERT,
à la Conciergerie.

Ph. MORÈRE

VICTOR PILHES

COMMISSAIRE DU GOUVERNEMENT PROVISOIRE
REPRÉSENTANT DU PEUPLE

FOIX
IMPRIMERIE-LIBRAIRIE GADRAT AINÉ
Rue de La Bistour

1924

PRÉFACE

EN L'HONNEUR DES PIONNIERS
DE LA RÉPUBLIQUE

On dit que les démocraties sont ingrates..... Elles sont plutôt oublieuses, ignorantes et insoucieuses de leur passé. Notre République n'a pas su, comme l'Église qui a rempli le calendrier des noms de ses apôtres, de ses martyrs, de ses saints et saintes, perpétuer le souvenir de ceux qui ont été ses précurseurs et ses pionniers.

Les hommes qui sont au pouvoir ont d'autres besognes à opérer, de grands intérêts à défendre, de petites ambitions à satisfaire ; ils ne songent guère à leurs devanciers, qui ont pourtant préparé les sièges où les maîtres de l'heure sont commodément assis. C'est aux historiens de réagir contre ces éclipses de mémoire.

Or, à côté des grandes vedettes de la politique que l'histoire met en pleine lumière, il existe, en province surtout, dans cette province qu'on néglige volontiers, des acteurs de second plan qu'elle laisse le plus souvent dans l'ombre.

Ils ont été, de leur vivant, des gloires régionales ou locales ; ils ont exercé une sérieuse influence, joué en conscience leur rôle qui ne fut pas exempt de difficultés et de dangers. N'est-il pas juste de les tirer du gouffre d'oubli où ils risquent d'être à jamais engloutis ?

La Société d'histoire, qui a pris pour champ d'études *les révolutions du XIX* siècle et pour centre de ses recherches *celle de 1848,* s'est donné pour tâche de rappeler aux hommes d'aujourd'hui ce que leurs pères et grands-pères ont fait pour instaurer en France le régime républicain ; et déjà dans la région du Sud-Est elle a suscité des travaux qui éclairent des coins de ce passé si récent encore et si mal connu.

Il est né des ouvrages solides de M. Jeanjean sur *Barbès,* de M. Edouard Renard sur *Louis Blanc,* de M. Dagnan sur *la réaction de 1849 dans le Gers*. Voici maintenant que **M.** Philippe **Morère**, professeur au lycée de Foix et correspondant du Ministère de l'Instruction publique, nous offre la biographie de *Victor Pilhes* qui fut surnommé le Bayard de la démocratie ariégeoise. Il a, pour l'écrire, fouillé les archives du département, compulsé les journaux, confronté les lettres de son héros et les témoignages des personnes qui l'ont approché. C'est une œuvre richement documentée et qui mérite considération.

Victor Pilhes qui fut l'ami de Ledru-Rollin, de Proudhon, de Blanqui, ardent patriote et ardent révolutionnaire, y revit avec son âme inquiète, passionnée, souffrant de toute injustice sociale comme d'une blessure personnelle, avec sa taille gigantesque et sa voix tonitruante, incarnation puissante de la période héroïque et romantique qu'ont traversée les républicains de la veille et de l'avant-veille.

Étudiant d'abord à Toulouse, puis à Paris, journaliste, libraire, commis-voyageur, toujours prêt à risquer sa vie pour ses idées, ami des coups de main, homme d'opposition beaucoup plus qu'homme de gouvernement, comme il le prouva quand il fut dans l'Ariège commissaire de la seconde République, il ne fit guère que passer dans la carrière administrative et parlementaire.

Représentant du peuple en 1849, il est pris dans l'insurrection du 13 juin avec les principaux chefs de la Montagne, et dès lors il a pour domicile la prison ; il connaît tour à tour Doullens, Mazas, Belle-Isle ; mais, rendu à la liberté, il ne cesse d'être à l'avant-garde ; après avoir été chef de bataillon en 1870 et reçu les félicitations officielles pour sa bravoure au feu, il sera encore partisan de la Commune, encore poursuivi par la réaction déguisée sous le nom d'ordre moral, forcé de s'enfuir en Espagne.

Et voyez la fin de ce militant ! La République triomphante lui alloue 3.000 francs avec le poste de régisseur du Palais de l'Élysée ; et il meurt, le 2 novembre 1882, à l'hôpital, d'où sept personnes seulement suivent son corbillard.

Il ne s'agit pas d'offrir comme modèle aux républicains actuels l'activité de Victor Pilhes : ce qui pouvait convenir à son temps ne convient plus au nôtre. Mais on peut dresser en exemple sa fidélité inébranlable à ses convictions et son courage résistant à toutes les épreuves : cela devrait être de tous les temps.

Il faut surtout savoir gré à l'historien qui élève ce monument à un mort, qui restitue dans son intégrité cette silhouette d'une « vieille barbe » de 1848, qui contribue de la sorte à payer le tribut de reconnaissance que nous devons à nos saints laïques, à nos martyrs et à nos apôtres de la foi républicaine.

Georges RENARD,

Professeur au Collège de France.

AVANT-PROPOS

———

Au cours de recherches entreprises en vue d'une série d'études sur la Révolution de 1848 dans le département de l'Ariège, nous avons retrouvé fréquemment le nom de Victor Pilhes : il apparaît maintes fois dans les documents de tout ordre à côté de ceux de Ledru-Rollin, de Proudhon, de Blanqui, et de ceux qui eurent, au début de la deuxième République, soit à Paris, soit dans l'Ariège, une certaine notoriété. Nous avons pensé que la vie de ce lieutenant des grands chefs républicains et révolutionnaires du milieu du siècle dernier valait la peine d'être retracée. En effet, V. Pilhes fut mêlé à de grands événements : à la Révolution de 1848, aux journées de juin 1849, du 14 août 1869, du 4 septembre 1870, à la Défense nationale, aux débuts de la Commune. Victime de son idéal politique hautement revendiqué, il connut tour à tour les prisons de Doullens, Mazas, Belle-Isle, l'exil.

L'étude de cette vie peut aussi apporter une modeste contribution à l'histoire régionale de la Révolution de 1848. Ariégeois de naissance, Pilhes fut envoyé dans son pays en qualité de commissaire du Gouvernement provisoire : cela nous permettra de jeter un. coup d'œil sur la situation politique, sociale, économique du département de l'Ariège au début de l'année 1848.

Les éléments de cette étude ont été puisés aux archives départementales de l'Ariège, de la Haute-Garonne, à divers dépôts communaux. Nous avons mis à contribution une série de documents inédits, les papiers de Blanqui déposés à la Bibliothèque nationale, la correspondance d'Arnaud de l'Ariège, de nombreuses lettres de V. Pilhes, des notes manuscrites d'A. Pescaire, ami personnel de ce dernier, les papiers de Frézoul, ancien sénateur de l'Ariège, divers documents relatifs à Proudhon.

Nous avons pu retrouver plusieurs portraits de Pilhes au moment du procès de Versailles et de la détention à Belle-Isle, datant de 1849 et de 1851 ; un autre représente l'ancien représentant du peuple en tenue de commandant de la garde nationale (1870).

D'autre part, de nombreux documents imprimés nous ont fourni d'importants renseignements. Et tout d'abord les journaux de Paris, de Toulouse, de l'Ariège. Mais nous avons dû, dans la plupart des cas, nous contenter des feuilles hostiles à Victor Pilhes. C'est ainsi que nous avons surtout utilisé le journal *l'Ariégeois,* peu favorable aux démocrates ; d'autre part, nous n'avons pu consulter que quelques exemplaires du grand organe régional du parti avancé *l'Émancipation,* dont la collection n'a pas été conservée dans les dépôts publics de Toulouse. Nous avons dû ainsi nous contenter de renseignements fournis par les adversaires de Pilhes : c'est dire qu'il a fallu les soumettre à une critique impartiale.

En ce qui concerne les brochures de l'époque consultées soit à la Bibliothèque nationale, soit dans les collections diverses, nous n'avons pu accepter sans contrôle leurs affirmations, parfois dictées par la passion ou l'intérêt. Il en a été de même de *l'Histoire des Sociétés secrètes,* par de la Hodde, de son vrai nom Delahodde, soi-disant ami de Pilhes, en réalité agent de la police chargé de surveiller les républicains.

Nous avons tiré parti de nombreux mémoires relatifs à la deuxième République et au second Empire. Deux amis de Pilhes nous ont fourni des renseignements particulièrement précieux, Proudhon dans sa *Correspondance,* Darimon dans ses ouvrages remplis de souvenirs personnels mais où l'on note la tendance à atténuer les menées des révolutionnaires.

XIV

En dehors des histoires générales de la Révolution de 1848 et de la Commune, nous citerons parmi les livres plus particulièrement consultés : Sainte-Beuve, *Proudhon, sa vie, sa correspondance* ; Crémieux, *la Révolution de Février*, étude critique des journées de février ; Quentin-Bauchart, *La Crise sociale de 1848* ; Wassermann, *les Clubs de Barbès et de Blanqui* ; Geffroy, *l'Enfermé* ; Duclos, *Histoire des Ariégeois*, etc., etc.

Il n'est guère possible, d'autre part, d'aborder l'histoire des révolutions du XIX⁰ siècle sans recourir aux publications faites depuis 1904 par la *Société d'histoire de 1848*, qui, en bien des points, ont apporté des rectifications ou de nouvelles précisions (1).

Il a été enfin fait appel aux souvenirs personnels des rares survivants qui, dans l'Ariège, ont connu Victor Pilhes.

Nous devons remercier ici tout particulièrement MM. Pélissier et Laval, archivistes du département de l'Ariège, qui ont, avec beaucoup de bonne grâce, favorisé nos recherches, Mme Calvet, propriétaire du Grand Hôtel d'Aulus, et M. Pilhes, receveur des postes à Seix, nièce et neveu de l'ancien représentant du peuple, qui ont mis à notre disposition des papiers de famille, MM. E. Joffrès et A. Pagès,

---

(1) La Société publie, tous les deux mois, un bulletin intitulé « La Révolution de 1848 ».

Mme J. Caralp, qui ont bien voulu rechercher, pour nous, divers documents à la Bibliothèque nationale.

Nous conservons un souvenir ému des regrettés A. Pescaire, E. Darnaud, R. Lafagette qui, au cours de fréquents entretiens, nous ont donné de précieuses indications ou fourni des renseignements fort importants.

Sera-t-il nécessaire d'affirmer que nous avons abordé un sujet qui touche de si près à l'actualité, avec le seul désir de faire connaître impartialement, avec ses grandeurs et ses faiblesses, un homme de 1848 ? C'est dans le même esprit d'ailleurs que nous nous proposons d'aborder l'histoire d'Arnaud de l'Ariège, le grand démocrate chrétien, et de ceux qui, en ce pays, ont contribué à fonder le régime démocratique.

VICTOR PILHES

CHAPITRE I

Les origines
Pilhes avant la Révolution de 1848

Au milieu de la forte génération de 1848, Victor
Pilhes apparaît comme un combattant. « Il eut,
a-t-on dit, le courage indomptable du lutteur
le plus rude et le plus ferme que la démocratie
ariégeoise ait produit ». Conspirateur sous Louis-
Philippe, il prit part au mouvement républicain de
la fin de la monarchie, aux journées de février 1848,
du 13 juin 1849, du 10 août et du 4 septembre 1870.
Commissaire du Gouvernement dans l'Ariège, élu en
1849, par ce département, représentant du peuple,
il apparut un instant à l'Assemblée législative. Il
combattit de toutes ses forces la politique du Prince-
président. Poursuivi devant la Haute-Cour de Versailles pour avoir pris part à la journée du 13 juin,
il fut condamné à la déportation et, trois années
durant, il fut enfermé à la citadelle de Doullens puis
déporté à Belle-Isle. C'est en révolutionnaire qu'en

1870, il défendit sa patrie ; élu commandant de la garde nationale, il fit preuve du plus grand courage et, en toutes circonstances, se montra disposé aux mesures extrêmes. Il fut l'ami de Ledru-Rollin, de Blanqui, de Proudhon, qui l'avaient « en particulière estime ». De la fin de la monarchie de juillet à la troisième république, il jouit d'une grande notoriété dans les milieux républicains et révolutionnaires. Aujourd'hui encore quelques vétérans des anciennes luttes gardent son souvenir. D'aucuns critiquent son idéal politique, contestent ses mérites, blâment ses impatiences, d'autres exaltent son « énergie révolutionnaire, ses fortes convictions, son indomptable fidélité à la cause démocratique ». Quoiqu'il en soit il reste un des représentants d'une époque déjà lointaine, un des héros de cette période romantique qui suscita, pour un idéal, tant de candide enthousiasme et de fanatique exaltation.

***

Pilhes était issu du vieux pays de Foix, où, à l'abri des montagnes, s'était conservé, tenace, l'amour de la liberté. Il appartenait à une famille aisée de Tarascon, alors centre du commerce des fers, marché de bétail et de grains. Son père Jean-François Pilhes comptait parmi les principaux propriétaires du pays. Aux portes de Tarascon, il possédait une métairie comprenant maison d'habitation et bâtiment rural, un jardin, des pacages, des vignes, et sept hectares de terres labourables. Dans la ville haute, au milieu du vieux quartier, surplombant en partie les arcades qui bordaient la place alors très animée, la maison familiale aux vastes pièces éclairées par un ciel ouvert. Elle avait bel air avec sa porte intérieure surmontée d'une accolade, ses plafonds élevés, ses poutres et ses cheminées moulurées. Au rez-de-chaussée, boutique où se vendaient les grains. Aux Pilhes appartenaient également une maison dans le quartier du petit Castella et un jardin au faubourg Saint-Jacques (1). Ils avaient pignon sur rue ; ils étaient d'ailleurs apparentés à des personnages alors fort en vue dans la région : Joseph Pilhes l'auteur dramatique dont une pièce, le *Bienfait anonyme* avait été représentée devant Louis XVI et plus tard devant Napoléon (2) ; le docteur Pilhes, médecin des eaux d'Ax, une sommité médicale. La mère de Victor Pilhes, Marie-Anne Ruffié appartenait également à une vieille famille de la localité (3). Elle avait 41 ans

(1) **Tarascon**, matrice cadastrale n° 1737, (Mutations 1850). Ce domaine a été fortement réduit en 1850. La condamnation de Victor Pilhes par la Haute-Cour de Versailles (1849) n'est pas certainement étrangère à ce démembrement.

(2) **Duclos**. *Histoire des Ariégeois*, t. II, pp. 292-297 et VI, 186-192.. Cette comédie fut également jouée à Foix en présence de l'auteur après 1830 Joseph Pilhes mourut à Tarascon le 20 novembre 1832. Il avait dans sa jeunesse subi l'influence des philosophes du xviii° siècle ; jusqu'à ses derniers jours il porta un costume à la Jean-Jacques.

(3) **Registre des décès**, Tarascon, 1850, n° 60.

quand naquit, en la vieille maison des arcades, le
11 septembre 1817, Victor-Apollinaire-Ferdinand
Pilhes (1). De même que ses cinq frères, Victor reçut
une bonne éducation secondaire : il fut élevé dans
une maison religieuse de Mirepoix, qui faisait con-
currence au collège de Pamiers. Les vacances, il les
passait à Tarascon où régnait un état d'esprit particulier, où s'affirmait un idéal que jamais il ne perdit
de vue.

Les souvenirs de l'épopée impériale exaltaient les
imaginations. Dans la famille, le nom de Napoléon
était souvent prononcé : on y rappelait que Joseph
Pilhes, auteur dramatique, avait reçu les félicitations
de l'empereur ; que, vers 1808, le docteur Pilhes
avait soigné le roi de Hollande en traitement à
Ussat-les-Bains (2).

D'un autre côté, les chansons de Béranger étaient
fort en vogue à Tarascon : l'un des voisins et amis des
Pilhes, A. Garrigou était en relations suivies avec le
poète de la légende napoléonienne (3). L'enfant gran-
dissait dans un milieu d'exaltation patriotique, où

(1) Registre état civil Tarascon, 12 sept. 1817, n° 36.

(2) Sur le séjour du roi de Hollande à Ussat, v. Duclos op. cit.
t. III, p. 765. Le docteur Mériel prépare sur cet épisode un important
travail.

(3) Duclos op. cit. : récit d'un déjeuner où assistèrent, à Passy,
Béranger, Garrigou et le général Laffite. Sur les rapports de Garrigou
avec Béranger voir Ph. Morère et Pélissier : *Ariège historique*,
Pamiers, Labrunie, p. 231 : « Ah ! si l'empereur revenait ! » disait
Victor Pilhes en 1849. — Deuxième lettre à ses concitoyens de
l'Ariège, 15 mars 1849, Paris, Boulé.

l'on rêvait d'aventures, où l'on n'avait que du mépris pour la terne monarchie de Juillet.

Et tout les premiers, les frères de Victor devaient se faire remarquer par leur dévouement au pays, leur courage, leur patriotique intrépidité. Daniel, capitaine de spahis, chevalier de la Légion d'honneur devait tomber au Sénégal, Aristide accouru au service de la révolution italienne devint aide de camp de Garibaldi ; proscrit du deux décembre, il devait mourir en exil. Aubin, un héros de notre marine, décoré à 18 ans ; jeune enseigne de vaisseau, il reçut une belle blessure en plantant le drapeau de la France à Tahiti (1). Ce simple fait n'explique-t-il pas, d'ailleurs, dans une certaine mesure, le mépris de Pilhes à l'égard de ceux qu'on appelait les *Pritchardistes* ?

A Tarascon nombreux étaient, d'autre part, ceux qui, dans les classes aisées, faisaient, à des titres divers, figure d'opposants à la monarchie de Juillet. Il y avait là un noyau de républicains et de bonapartistes dont les aspirations et les espérances étaient communes. D'abord le général Laffite, originaire de Saurat, propriétaire à Bouan, ami de Manuel, de La Fayette, de Dupont de l'Eure, député d'opposition

(1) M. Aristide Pescaire, ami personnel de Pilhes, a bien voulu nous communiquer divers renseignements sur Victor Pilhes et sur sa famille. M. Pescaire fut mêlé à quelques épisodes de la vie du révolutionnaire ariégeois. Il publia dans la *République de l'Ariège*, en 1882, à la mort de V. Pilhes, une série de souvenirs. V. en particulier *Rép. de l'Ariège*, 8 nov. 1882 : Le dernier des Pilhes.

dans les premières années du règne de Louis-Philippe (1), puis Adolphe Garrigou futur administrateur provisoire de l'Ariège en 1848, toujours prêt à
attaquer en vers et en prose la monarchie. Dès 1832,
dans son *Epître en prose au roi citoyen*, il dénonçait
« les faquins pourprés », les « parasites effrontés »...
qui ne peuvent se passer de places, d'honneurs, d'or
et de puissance ; dans sa *Revue trentenaire* dédiée à
Béranger et parue au début de l'année 1848, il résu-
mait les griefs de l'opposition : intrigues, corruption,
indemnité Pritchard (2). C'étaient ensuite Faustin
Pescaire future victime du deux décembre, proscrit
et plus tard interné (3), Hilaire qui se signala à Paris
par son opposition au coup d'Etat (4), Sans, propriétaire libéral, confident des proscrits (5), le boucher
Fauré, à qui son zèle immodéré pour la République
démocratique faillit coûter la vie en 1848 (6). Autant
d'amis de Victor Pilhes qui l'encouragèrent, le sou-
tinrent, lui restèrent fidèles en toute circonstance et

(1) Duclos, op. cit. III, p. 396 et suiv.

(2) A. Garrigou avait été dans sa jeunesse en rapports avec Carrel
du *National*, G. Sarrut de la *Tribune*. Il participa en 1833 à la fondation du journal le *Peuple* de Dupoty, sous le pseudonyme : « Un
paysan de l'Ariège. Duclos op. cit. I, pp. 683 et suivantes, V, 661 à
670, 842 à 883, VII, 732 à 763.

(3) Ph Morére et Pélissier, *Ariège historique* op. cit. p. 264 et
renseignements communiqués par son fils Aristide Pescaire.

(4) Toussaint Nigoul, la *République de l'Ariège*, 26 nov. 1881.

(5) Lettre de V. Pilhes à Sans, 10 mai 1850, publiée en partie
dans *Ariège historique*, op. cit. p. 230.

(6) Sur cet incident v. plus loin.

vers lesquels, aux jours d'angoisse, devait se reporter sa pensée.

******

Parent d'un médecin, le jeune Pilhes se destinait à la médecine. Il poursuivit, dès lors, ses études à Toulouse. Etudiant frondeur, adversaire de la monarchie, il ne devait pas tarder à faire connaissance avec la police de Louis-Philippe. Le 14 avril 1835, sur la place du Capitole, à la sortie du spectacle, vers onze heures du soir, une foule de trois cents personnes manifeste contre le régime. Victor Pilhes est là, au milieu d'un groupe d'étudiants, qu'il domine de sa haute taille. La police arrive, tombe sur lui ainsi que sur cinq de ses camarades. Les jeunes manifestants sont, affirment-ils, « saisis, rudement entraînés, accablés de coups ». Ils arrivent au poste du Capitole « les habits en lambeaux, dans un état à faire pitié ». Puis c'est le « cachot infect » du Sénéchal où ils doivent rester trente-six heures. Une protestation en règle est adressée à la « presse indépendante » contre « les infâmes brutalités » de la police toulousaine « digne de servir les *trans noni seurs* » et un gouvernement « *aux ordres impitoyables* » (1). Manifestation de jeunes étudiants si l'on veut, mais elle n'en constitue pas moins pour Pilhes,

----

(1) Allusions au massacre de la rue Transnonain (14 avril 1834) et aux paroles de Thiers. Pour ce qui concerne la manifestation, voir *Gazette du Languedoc*, 16 avril 1835. Nous devons remercier ici

plus tard professionnel des journées révolutionnaires comme une sorte de baptême du feu. Quelque temps après, d'ailleurs, il quitte le théâtre de ses premiers exploits et va poursuivre ses études à Paris. Mais, comme ses frères, il avait le goût de l'action, des aventures. Des études suivies ne convenaient guère à son tempérament ardent. Il les abandonna pour entrer, vers l'âge de 25 ans, dans une maison de tissus, en qualité de voyageur (1842). Le voilà vendant « de l'indienne et du calicot ». Mais la politique surtout l'attire. Il se jette dans l'opposition radicale : il y est poussé, à la fois par ses souvenirs de jeunesse et par les événements. Vers 1840, s'accentue tout un mouvement d'agitations et de revendications sociales. Le malaise économique est grand, les grèves nombreuses : « Jamais, a-t-on dit, on n'avait vu un mouvement si général dans la classe des travailleurs ». Le journal le *Peuple* que Pilhes essayera de faire revivre, s'occupe constamment des questions ouvrières et sociales. Voyageurs, représentants, employés de commerce prennent une large part, on ne l'a pas assez remarqué, à l'action démocratique. C'est ainsi que surgirent, aux heures de crise, des hommes appartenant au monde des affaires et qui eurent, en 1848, leur heure de célé-

M. François Gadrat, qui, au cours de ses recherches relatives aux légitimistes toulousains, a retrouvé ce document et a bien voulu nous le communiquer.

brité : c'étaient Sobrier, placeur d'assurances ; Lagrange, commissionnaire en vins ; Caussidière, commissionnaire en soieries, futur préfet de police, tous amis de Pilhes (1). Comme ses collègues, ce dernier joignait aux aspirations purement républicaines, les revendications sociales. Il se déclarait socialiste non pour appliquer des doctrines dont il réprouvait l'esprit systématique, mais pour améliorer d'une façon générale le sort des classes laborieuses.

D'un autre côté, à la manière des républicains de l'époque, il était « patriote ». « Le mot de patriotisme, a-t-on dit, ne sous entendait pas absolument républicanisme, mais il s'en fallait de peu ».

Pilhes, dont le frère avait été blessé à Tahïti, devait être l'un des premiers à blâmer la politique de Louis-Philippe jugée trop prudente et trop effacée. Et le voilà poursuivant à Paris une campagne patriotique et socialiste. Il entre dans les sociétés secrètes et mène la vie de conspirateur (2). C'est ainsi qu'il se met en relations avec Barbès, avec deux de ses compatriotes, originaires de Foix, Napoléon Gallois et Noyez, qu'il devait retrouver en maintes circonstances. Gallois et Noyez s'étaient mis avec le

______

(1) Renseignements communiqués par Aristide Pescaire ; Delahodde, *Histoire des Sociétés secrètes*, Paris, Julien, Lanier et Cie 1850. Cet ouvrage, dû à un ancien policier, doit être consulté avec précaution.

(2) En tant qu'ancien membre des sociétés secrètes il signa un manifeste après les journées de Février. V. *Murailles révolutionnaires de 1848*, t. I, p. 254.

plus grand désintéressement au service de l'idée
républicaine et leur autorité était grande au sein des
sociétés secrètes (1). Il se lie d'autre part, nous
l'avons vu, avec des personnages sortis du monde
du commerce, qui paraîtront au premier rang des
combattants de 1848, les Sobrier, les Lagrange, les
Caussidière. Il conserve de nombreuses relations
avec le monde des étudiants dont il est issu, relations
qui seront utilisées au cours des journées de février.
Il fréquente les journalistes Dupoty, Félix Pyat,
Ledru-Rollin, bien d'autres encore ; il se lie particulièrement avec Proudhon alors commis de batel-
lerie dans la maison Gauthier frères de Lyon et qui,
souvent, vient à Paris. Le voyageur de commerce
prend la plume du journaliste : tout jeune, il écrit au
Peuple, à la *Réforme* : il songe, nous le verrons, à
fonder, d'accord avec Proudhon, un nouvel organe
qui aura pour but de faire l'éducation politique de
la démocratie (2).

Surtout il parcourt la France, voyage en Suisse,
en Belgique. Son verbe sonore répand partout la
doctrine républicaine, considérée comme une reli-

(1) Delahodde op. cit. à propos de Noyez et Gallois, pp. 239, 250,
253, 256, 258, 264, 266, 313, 320. Gallois et Noyez reforment la
Société des Saisons pendant la captivité de Barbès. Noyez essaye de
créer une imprimerie secrète. Delahodde est obligé de rendre hommage au désintéressement de Noyez. A propos de la surveillance
dont sont l'objet Noyez et Gallois v. Archiv. dép. M. 72 (liasse : républicanisme).

(2) Sur les rapports avec les journalistes et avec Proudhon, v. plus
loin.

gion. Véritable missionnaire républicain, en même temps qu'il place sa marchandise, il apporte la bonne parole, se tient en contact avec les militants du parti, propage ses idées parmi ses collègues du négoce. A table d'hôte, la discussion politique s'engage, Pilhes la domine de sa forte voix. Il fait le procès de la monarchie, mais aussi poursuit tout particulièrement de ses impitoyables railleries les communistes de l'école de Cabet. Vers 1845, à Autun, à table d'hôte, un communiste, qui voyage pour le journal le *Populaire*, expose sa doctrine. Pilhes le prend si bien à partie que l'icarien propagandiste est obligé, dit-on, de quitter la salle « à la satisfaction de tous les convives ». Quelques jours après le *Populaire*, organe des icariens, attaquait un certain commis-voyageur, qui n'était autre que Pilhes. Et lorsque dans l'Ariège on incriminera, plus tard, le soi-disant communisme du commissaire du Gouvernement provisoire, celui-ci rappellera cet incident, et son attitude, à cet égard, « franche et loyale » (1).

****

A la veille de la Révolution, en 1847, Pilhes avait trente ans : c'était un vigoureux montagnard de haute taille, à l'encolure puissante, aux poumons

(1) Conférence politique par le citoyen Victor Pilhes (Réunion populaire à Foix, juillet 1848, Pamiers, Loze Madière. Au cours de cette conférence V. Pilhes attaqua d'ailleurs le communisme (p. 29).

solides, à la voix forte. Le front large, découvert, légèrement bombé, les yeux profonds et perdus dans le rêve, le visage d'un ovale allongé, à peine accentué par un nez aquilin. Cheveux courts, fine moustache en croc rejoignant une barbe soyeuse, à la pointe élégante. Tenue soignée : grande redingote, gilet à rebords, largement ouvert, cravate nouée autour du cou suivant la mode de l'époque. Physionomie attachante, faite d'élégance robuste, de force et d'énergie concentrées : la séduction étrange d'un conspirateur, le charme d'un apôtre (1). En 1847, il était connu comme « révolutionnaire à tous crins ». Il fréquentait restaurants et cafés où se rendaient de préférence les adversaires de la monarchie. C'est entre autres au restaurant Beaurain, dont le propriétaire était gagné aux idées nouvelles, que Pilhes retrouvait ses amis. Le restaurant Beaurain, rue Notre-Dame-des-Victoires, à deux pas du Palais-Royal était le rendez-vous des commis du quartier, des voyageurs de commerce, d'artistes, d'hommes de lettres. Là fréquentait la rédaction de la *Réforme*, dont les bureaux étaient à proximité. « Menu invariable : un consommé, le bœuf bouilli, un rôti, un légume, un plat sucré, un dessert, le tout 1 fr. 60 ». « Il y avait un semblant de jardin où les habitués allaient pren-

(1) Portrait de Pilhes, dessiné d'après nature par Guilbert à la Conciergerie : au frontispice 13 juin 1849. Au bas, V. Pilhes représentant du peuple, condamné à la déportation par la Haute-Cour de Versailles. Imprimerie Dommec, Paris.

dre leur café et fumer leur cigare ». C'est là qu'apparaissait aussi Proudhon « coiffé d'un chapeau à larges bords, enveloppé dans une redingote vert olive traînant jusqu'aux talons, pantalon trop court, laissant apercevoir de gros bas gris et des souliers lacés », « les yeux un peu vairons cachés sous une paire de lunettes ». Non loin du restaurant Beaurain, au café des Mille Colonnes retentissait souvent la voix « tonitruante » de Pilhes (1). Généreux, désintéressé, ce dernier était toujours prêt à mettre sa bourse à la disposition des camarades. Il s'en allait escorté de Delahodde, agent secret, qui se disait son ami, mais qui, vendu à la police, dénonçait ses agissements, espionnait ses moindres démarches. A ce besogneux, qui le trahissait, il rendait des services, prêtait de l'argent (2). Un soir, une aventure faillit mal tourner pour Pilhes. Attiré, dit-on, par Delahodde en compagnie de Martin dans un tapis franc, un espèce lupanar du quartier Saint-Denis, il fut attaqué, assailli, presque assommé. Le parti démocratique s'émut de ce guet-apens ; on disait

(1) « La conspiration entre dans les cabarets et s'y traîne jusqu'à la révolution. » Delahodde op cit. Darimon : *A travers une révolution 1847-1855*, Paris, Dentu 1884, pp. 6 à 12.

(2) *Réponse aux deux libelles : Les Conspirateurs* et la *Naissance de la République de Chenu et de Delahodde... avec des révélations curieuses sur la vie de Delahodde*, par le citoyen Jules Miot, représentant du peuple. Paris, Dépôt central 1850 « ... celui qui, le soir, après lui avoir serré la main, allait faire un rapport contre son bienfaiteur », p. 68. C'est à Pilhes que s'adresse Miot pour avoir des chansons de Delahodde, ibid., p. 68.

Pilhes et Martin incapables « d'avoir été par leur propre impulsion dans un pareil coupe-gorge ». « Qui donc les y avait entraînés ? Quel but se proposait-on en le poussant sous le couteau de quelques *fardels ?*... Mystère ! » « Avait-on voulu se débarrasser de Pilhes alors considéré comme un des adversaires les plus résolus et les plus courageux du régime ? » (1).

Le jeune révolutionnaire avait de nombreux amis à Paris, il en avait aussi en province, que, fréquemment, il visitait. L'idée lui vint, en 1847, « de rallier sous un drapeau central les forces éparses du parti républicain dans les départements ». Il semble, d'autre part, qu'il ait été poussé dans cette voie par ceux qui, faux amis ou collaborateurs dépités, cherchaient à créer une feuille rivale de la *Réforme* (2). Quoiqu'il en soit, il projeta de ressusciter le journal démocratique le *Peuple,* frappé cinq ans anparavant. Or vers la même époque, Proudhon devenait journaliste. Toujours commis batelier à Lyon dans la maison

(1) Miot op. cit., p. 32. Cette aventure nous a été contée également par M. Pilhes, receveur des postes à Seix, neveu de Victor Pilhes. Ce dernier aurait été assailli par d énormes chiens.

(2) V. Chenu. *Les Conspirateurs,* p. 54 et suiv. « Quelques jours après, dit Chenu en parlant d'Albert, on lui refuse un article qu'il voulait faire insérer dans le journal la *Réforme.* Sa vanité d'écrivain en fut blessée. Je lui conseillai de se venger en fondant un autre journal, ce qu'il fit de concert avec Pilhes et Dupoly. Ils publièrent même le prospectus du journal le *Peuple.* » V. plus loin, à ce sujet, le rôle de Delahodde. La brochure de Chenu doit être consultée avec précaution.

Gauthier et C¹ᵉ, il ne voulait pas « s'enterrer tout vivant et sans protester », « au milieu des mariniers, des crocheteurs et des commissionnaires. » Comme Juvénal « qui, de colère, se fit satirique », il désirait prendre la plume de journaliste. Le journal devait propager ses idées : les articles seraient les chapitres des livres qu'il méditait. Pilhes et Proudhon se mirent d'accord (1). Le 2 juin, ils s'entretenaient de l'affaire au restaurant Beaurain. Il y avait là Darimon, le futur député du Corps législatif, et « quelques visages de connaissance ». Le prospectus du journal était déjà rédigé et allait être mis sous presse. « Pilhes, dit Proudhon en désignant Darimon encore peu connu, mais qui se révélait comme un des admirateurs du maître, voilà un de vos futurs collaborateurs. Vous êtes, vous autres *bousingots* trop enfoncés dans vos routines révolutionnaires. Il nous faut des jeunes qui n'aient point d'attaches avec le passé et qui prêchent des maximes nouvelles ». « J'ai cru remarquer, ajoute Darimon, qu'entre Proudhon et ses futurs collaborateurs, il n'y avait pas beaucoup de points communs. Proudhon est un penseur, ces messieurs sont des hommes d'action. Ils n'entendent

______

(1) Nous n'avons pu savoir à quelle date exacte Pilhes entra en relations avec Proudhon. « A partir de 1846, dit Sainte-Beuve, on voit se former autour de Proudhon un groupe d'amis » Sainte-Beuve : *Proudhon, sa vie, sa correspondance,* Michel Lévy, 3ᵉ édit. 1875, p. 392. — « Le journal le *Peuple,* disait Proudhon, sera le premier acte de la révolution économique ». *ibid.* p. 290.

pas non plus la Révolution de la même manière.
Proudhon ne la croit possible que par la conciliation
des intérêts antagoniques, ses amis veulent avant
tout un changement de gouvernement. La conversa-
tion n'a été qu'un long coq-à-l'âne. Elle m'a laissé
une impression pénible » (1).

La feuille devait avoir pour titre : le *Peuple*,
journal hebdomadaire de la Démocratie française.
En manchette devaient figurer les indications suivantes : à gauche, PRINCIPES : *Liberté, Fraternité,
Gouvernement du peuple par le peuple* ; à droite,
MOYENS : *La Souveraineté du peuple ; la Science
économique.* Le prospectus parut en octobre 1847 :
la partie financière avait été rédigée par Victor
Pilhes « gérant-directeur ». « Il y a cinq ans, disait-
il, le journal du Peuple est mort emporté par la
réaction, nous venons aujourd'hui le ressusciter et
faire appel à tous ceux qui ont foi dans les destinées
de la démocratie. On compte déjà, nous le savons,
deux organes quotidiens qui défendent la cause du
peuple, mais leur prix d'abonnement est au-dessous
des ressources du prolétaire ; ils ne peuvent pénétrer
dans les masses et le Travail ne les voit qu'en passant ». Hebdomadaire, le journal le *Peuple* ne devait

(1) Darimon op. cit., p. 6 à 12 et appendice, 339 ; Proudhon *Correspondance* II, 16 oct. 1843 à Mme Proudhon, VI app. 27 août 1842,
à Micaud — Miot op. cit , p. 52 et suiv. Ne pas oublier que Darimon
était porté à atténuer les idées de son maître. On l'a appelé « le
coussin de Proudhon ».

« pas faire trop large brèche au salaire » ; par suite, rien ne devait rester « en dehors de sa propagande ». Pour subvenir aux nécessités de l'entreprise, Pilhes prévoyait un capital de 120.000 francs divisé en 600 actions de 200 francs chacune. Aussitôt 200 actions souscrites, le journal pouvait paraître, pensait-il, et, avec 3.500 abonnements, il était sûr de couvrir les dépenses.

Le *Peuple* devait avoir le format des grands journaux doublés (8 pages au lieu de 4) ; chaque numéro contiendrait la valeur de quatre feuilletons. D'ailleurs Pilhes rappelait qu'il n'entendait nullement rechercher le gain en cette affaire. « Ceux qui nous connaissent, affirmait-il, savent bien que la spéculation n'entre pour rien dans notre projet » (1).

Le programme politique n'est pas signé, mais il est dû tout entier à la plume de Proudhon. Il semble cependant qu'il ne soit pas écrit de la même main. C'est que Proudhon s'adressant à un public formé surtout par les sociétés secrètes se sert d'abord de formules empruntées au vieux parti démocratique ; mais à la fin on reconnaît la griffe du maître. Ce que nous voulons, dit-il, « c'est que le peuple, c'est-à-dire chaque travailleur, aussi bien que la collection entière des travailleurs, puisse adorer Dieu sans prê-

____

(1) Le prospectus avait 4 pages in-4°. « Ce prospectus, déclare Darimon, est devenu introuvable. C'est une rareté bibliographique ». Nous avons pu en retrouver un exemplaire dans les archives de M. Pescaire.

tre, travailler sans maître, échanger sans usure, posséder sans hypothèque, former son cœur et sa raison sans préjugés, sans se faire représenter par des héros ou des fripons ». « La Révolution aujour-d'hui, ajoute-t-il, ce n'est ni l'Evangile, ni le Contrat social, quelle qu'ait été dans un autre temps leur valeur ; la Révolution c'est la science économi-que... ». La lettre d'adhésion, fort courte, qui suit le programme, précise ainsi l'orientation à donner au *Peuple :* « Mon cher monsieur Pilhes, j'attendais votre journal, j'applaudis à votre œuvre. Toute pensée révolutionnaire qui s'appuye sur la science et sur le droit et qui dédaigne les utopies et les sectes, est assurée de mon adhésion. Je contribuerai de tous mes efforts au succès de votre propagande ; si la force est le dernier argument du peuple, c'est l'idée qui en légitime l'usage... Tout à vous

PROUDHON » (1).

Malgré tout, dans les lettres d'adhésion et d'enga-gement de la part des collaborateurs, les tendances s'affirment diverses. Sans doute, Dupoty souhaite que le journal « marche en dehors des utopies », qu'il « se renferme dans les limites de la pensée et de la propagande écrite », qu'il « laisse loin de lui toutes menées prétendues secrètes, toutes les tenta-tives violentes, perfides ou maladroites » ; mais

---

(1) Darimon op. cit., p. 13 et 14 reproduit une partie du pro-gramme politique, ainsi que la lettre de Proudhon.

Luchet, réfugié à Guernesey, se déclare heureux de se retrouver avec « ceux qui ont reçu le baptême du parquet » ; Thoré demande « l'abolition du prolétariat et la suppression de la triple servitude matérielle, intellectuelle et morale » ; Félix Pyat dans sa lettre « à son cher ami Pilhes », reste énigmatique.

Une adhésion est à retenir, c'est celle de Delahodde. « C'est une pensée trop belle, écrit-il à son ami, pour que je ne sois pas heureux de m'y associer... Regardez-moi donc comme votre tout dévoué de cœur et de plume ». Delahodde espérait amoindrir l'action du journal de Ledru-Rollin, la *Réforme*, diviser les républicains, en tous cas tenir les fils de l'affaire, la surveiller de près. L'occasion ne manqua pas : en l'absence de Pilhes, parti dans les départements pour rechercher les concours financiers, il fut chargé de la correspondance du journal en formation. Ainsi put-il mettre la police sur la piste des chefs de la démocratie départementale. Ainsi, bien involontairement, Proudhon et Pilhes, en fondant le journal le *Peuple* servaient-ils les desseins du gouvernement (1).

Pilhes, tandis que Proudhon rentrait à Lyon,

(1) « Proudhon, déclare Delahodde, essayait de fonder avec Pilhes, Pyat et Thoré, un journal dont j'avais eu l'idée ». Delahodde op. cit., p. 391. Delahodde avait déjà trompé le compatriote de Pilhes, Noyez, qui voulait fonder une imprimerie secrète. V. op. cit. p. 236. — La lettre d'adhésion de Pyat est datée du 30 octobre 1846, celle de Suchet du 20 février 1847, celle de Proudhon du 3 mai, celles de Dupoty et de Thoré sont du 20 mai. Sur l'attitude de Delahodde à

s'était mis en campagne. Il parcourait les départements du Midi pour rechercher abonnements, souscriptions et réaliser le cautionnement exigé par la loi. On comptait d'ailleurs « sur les sympathies d'un certain public », sur un fonds d'abonnés, puisque le *Peuple* se présentait comme la continuation d'un journal disparu (1).

La Révolution de février, déclare Darimon, empêcha le projet d'aboutir : il est à croire que Delahodde ne lui porta pas bonheur (2).

propos de la fondation du *Peuple*, v. Miot, op. cit., p. 52 et suiv.; sur sa trahison, v. plus loin. Dupoty avait dirigé le premier journal le *Peuple*. Thoré rédigea, après les journées de février, la *Vraie République*.

(1) Darimon op. cit., p. 12 et Miot op. cit., p. 52. Le 4 juin, Proudhon écrit à Bergmann à propos du *Peuple* : « Le fondateur va se mettre en route pour recueillir les souscriptions d'actions et d'abonnements ». Sainte-Beuve, op. cit., p. 286. « *Mon journal*, écrit-il encore, le 24 octobre, je dis *mon* quoique la chose, l'affaire, disent les commerçants, ne m'appartienne pas. Ibid. p. 290. Il ajoute d'ailleurs qu'il est le seul qui puisse donner « vie et succès » à l'entreprise.

(2) On sait que Proudhon fit paraître tour à tour après la Révolution le *Représentant du Peuple*, le *Peuple*, la *Voix du Peuple*, le *Peuple de 1850*. Sur ces divers journaux fondés par Proudhon, cf. Darimon, op. cit., *Appendice* p. 337.

CHAPITRE II

Pilhes, combattant de février

Pilhes a pris une large part à la préparation du mouvement qui aboutit à la Révolution de 1848. Durant la campagne des banquets, nous ne trouvons guère trace de son action. Quoi d'étonnant à cela, puisque, on le sait, le parti démocratique avancé affectait tout d'abord de ne pas se mêler à ce mouvement d'allure bourgeoise, aux agissements de ceux qu'on appelait les *politiques*, les *dynastiques*, les *régentistes*. Mais dès que la situation devient grave, nous voyons apparaître Pilhes et ses amis. Le gouvernement vient d'interdire le banquet projeté à Paris pour le 22 février. Pilhes se concerte avec Albert et Caussidière. Les radicaux, les dirigeants du mouvement démocratique sont convoqués au bureau de la *Réforme*, le 21, à 7 heures du soir. Arrivent les hommes ardents du parti : Flocon, Etienne Arago, Baune, Caussidière, Louis Blanc, Lagrange, Ledru-Rollin, Edgard Quinet, Pilhes, en tout 50 à 80

personnes. C'est un véritable « conseil de guerre ».
Il s'agit de protester contre la condamnation du
rédacteur en chef et du gérant de la *Réforme*, surtout
de « s'entendre dans les circonstances graves où l'on
se trouve ». « Point de clameurs, point de tumulte...
mais une émotion contenue et une gravité quelque
peu solennelle. Sous ces visages résolus, on sentait
courir ce frémissement involontaire que le conspirateur le plus hardi éprouve toujours à la veille d'une
prise d'armes... ». Quelques-uns montrent les avan-
tages d'une bataille immédiate, d'une lutte engagée
par le peuple. Nombreux sont ceux qui se rangent à
cette façon de voir : Baune, Albert, Caussidière... les
amis de Pilhes. Tout ce que nous savons de ce dernier et de son attitude, au cours des journées qui
vont suivre, nous porte à croire qu'il est aussi de cet
avis. Mais la proposition est combattue par Louis
Blanc et Ledru-Rollin : les combattants ne sont pas
assez nombreux, le gouvernement a pris ses mesures : ce serait folie que d'engager une affaire dans
ces conditions. « Une défaite serait désastreuse pour
le parti républicain ». Mieux vaut ajourner le combat.
Le lendemain la *Réforme* recommande la patience,
et la Société des Saisons dirigée par Albert et
Delahodde est invitée à ne pas prendre les armes (1).

(1) Chenu, *Les Conspirateurs*, p. 72; Delahodde, op. cit., pp. 421-
430 ; Garnier-Pagès, *Histoire de la Révolution de 1848*, éd. Degorce-
Cadot, Paris, p. 98. Les deux auteurs donnent le texte de la convocation à la réunion du 21. On trouve encore le récit de cette réunion

Pilhes est résolu, lui, à prendre part à la bataille. Il surveille l'agitation grandissante. Dès le matin, débouche sur la place de la Concorde la colonne des étudiants, chapeau sur l'oreille, pipe aux dents. La foule grossit rapidement à l'entrée des Champs-Élysées, aux alentours de la Madeleine. A onze heures, les hommes d'action de la *Réforme*, les chefs des Saisons se dirigent vers la Madeleine pour étudier le mouvement (1). Dans l'après-midi, surtout vers la chute du jour, des barricades se dressent, des bandes de patriotes apparaissent plus nombreuses, plus hardies, forcent déjà quelques boutiques d'armuriers. « Une pluie lente, épaisse, mélancolique, assombrit la ville » (2). Que faire? Les hommes de la *Réforme* hésitent encore : aucune impulsion n'a été donnée. A tous ceux qu'il a rencontrés Delahodde — cela se conçoit — a recommandé de ne pas bouger, de ne pas se livrer à des actes agressifs avant de recevoir des instructions. Rendez-vous le soir, à 9 heures, au Palais-Royal : Delahodde se vantera plus tard d'avoir fixé l'heure et le lieu de la réunion. Arrivent une douzaine de chefs : Pilhes, Baune, Caussidière, Albert, Fargin-Fayolle,

dans **Madame Edgard Quinet** : *Edgard Quinet avant l'exil*, d'Alton-Shée, *Souvenirs de 1847 et 1848*, p. 224 et suivantes, Mémoires de Caussidière, t. I, p. 36. Le récit de Delahodde « est le plus complet, mais le plus sujet à caution ». V. critique dans Crémieux : *La Révolution de février*, pp. 85-86.

(1) Delahodde, op. cit. p. 433.

(2) Delahodde, Garnier-Pagès, pp. 103-117.

Chenu, « tous plus ou moins engagés dans les sociétés secrètes » et quelques « familiers de la *Réforme* ». « Les boutiques étaient fermées, les lumières éteintes et une morne solitude régnait dans le Palais. » On se forme en cercle sous la colonnade, contre le café Lemblin. La discussion s'ouvre, confuse : tout se borne « à des colloques insignifiants ». Pas de décision définitive. Un nouveau rendez-vous est fixé, pour le lendemain, au carré Saint-Martin. Delahodde savait ainsi où « retrouver les hommes dangereux ». Il était entendu que, d'ici là, si les hommes des faubourgs s'abstenaient, nul ne bougerait. Quelques-uns, dont Caussidière et Pilhes, auraient voulu déjà combattre (1).

Pilhes, frémissant, se rend au café des Postes où se sont réunis les patriotes décidés à prendre le fusil. Là, son ami Sobrier, fort exalté, gesticulant, criant, demande sur le champ « des barricades, la proclamation de la République ». « Voulez-vous des armes, s'écrie-t-il, j'en ai ; arrivez. » On le suit à son logement, rue Mazagran, où il étale « un arsenal

(1) Delahodde, p. 437, Garnier-Pagès. « Les rédacteurs et adhérents de la *Réforme* s'étaient réunis, vers huit heures du soir, au Palais-Royal, tout se borna à des colloques insignifiants sur les évènements de la journée, à un rendez-vous pour le lendemain au carré Saint-Martin. » Garnier-Pagès constate que les hommes de la *Réforme* furent promenés par Delahodde de rendez-vous en rendez-vous, p. 219. Chenu (*Les Conspirateurs*) a également signalé cette réunion du Palais-Royal. D'après lui, Caussidière se serait prononcé pour l'action. Crémieux, op. cit., p. 110. Delahodde, naturellement, s'opposa à toute prise d'armes.

d'armes de toute espèce », fusils, carabines, pistolets, des sabres, des épées, « le tout en assez mauvais
état ». Chacun s'arme : on redescend dans la rue.
Mais, au milieu du quartier Saint-Martin, la fusillade
arrête les émeutiers qui ne sont pas sûrs de leurs
armes et n'ont pas de munitions (1).

Le lendemain 23, l'insurrection se développe
entre les boulevards, les quais, la rue Montmartre,
la rue Vieille-du-Temple. Vers midi, les hommes des
sociétés secrètes arrivent, ainsi qu'il est convenu, au
carré Saint-Martin : la position étant fortement gar-
dée, « ils refluent dans les rues environnantes et se
mettent à dresser des barricades » (2).

Vers deux heures, Louis-Philippe renvoie Guizot.
Un moment, l'effervescence se calme. Mais tout n'est
pas fini. L'annonce du ministère Molé inquiète les
quartiers populaires (3). Pilhes est dans la rue à
l'affût de la moindre occasion. Vers trois heures,
près de la porte Saint-Denis, le général Garraube
annonce le changement de ministère. Aussitôt Pilhes
s'avance. Des citoyens qui criaient : A bas Guizot !
ont été enfermés, boulevard Bonne-Nouvelle, dans

(1) Delahodde, pp. 439-440, 452-453.
(2) Delahodde, op. cit., p. 445.
(3) Crémieux insiste sur ce point.

un poste occupé par des soldats de ligne. Pilhes, tandis que la foule amassée « pousse des vociférations », demande que les prisonniers soient mis en liberté. Le général Garraube, « général de salon », privé d'instructions, hésite. Le peuple alors se précipite vers le corps de garde. « Les militaires mécontents, assure Maxime du Camp, témoin oculaire, n'ont pas eu de distribution de vivres le matin ». On va chercher du pain, du vin, de la charcuterie. Une échelle est dressée contre le mur, la grille du poste est ouverte « on ne sait comment ». Captifs et libérateurs sortent et s'en vont en criant : « Vive la *Réforme !* ». La troupe assiste à cette scène immobile et l'arme au bras (1).

D'ailleurs, les radicaux sont maintenant disposés à profiter de l'occasion. On tient conseil à la *Réforme,* au *National.* Ici, la décision est prise de continuer la lutte. Les démocrates de la *Réforme,* réunis dans les bureaux, rue Jean-Jacques-Rousseau, se séparent entre six et sept heures « pour rallier les combattants, prêcher la résistance au cabinet Molé comme au cabinet Guizot ». Au moment où les républicains

______

(1) Garnier-Pagès, op. cit., I., p. 135. Crémieux, op. cit., p. 163, montre également les hésitations du général Garraube, dépos. Duval. Le général Garraube, dit Montalivet, « n'avait pas eu l'énergie de faire tenir à distance cette foule dont la physionomie, sans être entièrement changée, était plus menaçante cependant que celle que je venais de traverser. Les deux régiments et les deux escadrons qu'il commandait étaient littéralement enserrés ». Montalivet, *Fragments et souvenirs,* t. II, Calman-Lévy. Cf. Maxime du Camp, *Souvenirs de l'année 1848,* p. 46.

de la *Réforme* sortent des salles de rédaction, « d'autres républicains, plus absolus », s'assemblent à quelques pas de là, dans la vaste salle du café des Postes (1). Arrivent Sobrier « les traits en feu, l'œil égaré », à sa suite Pilhes, Cahaigne, A. Thomas, Boivin, Zammaretti, « les membres les plus énergiques, mais les plus indisciplinés des sociétés secrètes ». Les chefs de la Société des Saisons et « tout ce que la démocratie parisienne a de plus fougueux » sont là, « bouillants d'indignation et de colère », « exaltés jusqu'au délire », la sueur au front, « les mains noires de poudre ».

La discussion s'engage autour d'une table chargée de chapeaux, de poignards et de pistolets. Les motions les plus violentes, les plus extrêmes se succèdent, se croisent. On incrimine la stupide curiosité du peuple qui court aux illuminations, signe de partiel triomphe, les muscadins du *National*, les républicains de la *Réforme* qui perdent leur temps à écouter des bavardages. Le mot de régence est prononcé : un éclat de rire retentit dans la salle. Sobrier, un pistolet à la main, se lève et, d'une voix éraillée, dicte des projets de proclamation. Puis, tout à coup : « Qu'on me suive, dit-il, les gens de la *Réforme* sont

(1) Delahodde, op. cit , pp. 453-456 ; Sarrans, *Histoire de la Révolution de février 1848*, Administration de la librairie, 1851, t. I, p. 365 et suivantes. Il semble que M. Crémieux, désireux de montrer avant tout le caractère populaire de l'insurrection, ait trop atténué le rôle des sociétés secrètes.

à se gratter l'oreille et à distiller des motions, nous autres, nous allons agir ». Et il propose « de courir de barricade en barricade, de quartier en quartier, de rue en rue », de sonner le tocsin, de convoquer le peuple pour lui dire qu'il est trahi, que Molé ou Guizot, c'est tout un (1). Séance tenante, une proclamation est rédigée. Elle se termine par ces mots : « Les droits du peuple sont méconnus depuis quatorze siécles, il faut qu'ils soient solennellement reconnus. Citoyens, vous êtes tous convoqués demain à la Chambre des députés pour demander justice ». Sobrier, Pilhes, leurs amis, prennent ainsi l'initiative d'une résistance « sur laquelle les autres hésitaient ». Il est huit heures : la petite troupe s'élance du café des Postes. Dehors les maisons sont illuminées, des gamins portent des torches en l'honneur de la chute de Guizot, en signe de victoire. A la lueur de flambeaux, pris aux passants, Sobrier adresse un premier appel au peuple. Puis la bande se met en marche, grossissant à vue d'œil. Toujours précédée de torches, elle parcourt les quartiers Montmartre, Montorgueil, Saint-Denis, Saint-Martin et du Temple. Elle s'arrête à chaque barricade, groupe la foule, prêche la bataille. Vers neuf heures et demie, Sobrier, « à bout de force et de voix », ne fait plus entendre que des « soñs

____

(1) **Sarrans**, op. cit.

inarticulés ». « Ses compagnons, obligés de le relayer de temps en temps, n'avaient pas le gosier en meilleur état, sauf M. Pilhes, dit Delahodde, dont les pectoraux avaient résisté à toutes les épreuves, et dont la voix sauvage..... ressemblait aux coups de tonnerre qui craquent dans un ouragan. » Dans le quartier du Marais, Sobrier, haletant, exténué, rentre dans un cabaret, suivi de quelques camarades. Mais la foule, qui va grossissant, suit son chemin, rencontre la colonne venue du faubourg Saint-Antoine, dévale du boulevard du Temple vers la Madeleine, où se trouvent les bureaux du *National*, puis vers l'hôtel des Capucines, demeure de Guizot, où se produit l'irréparable, l'acte décisif qui doit entraîner la chute du régime (1).

***

Le lendemain, les républicains n'hésitent plus, la Révolution triomphe, l'Hôtel de ville est pris. Les bureaux de la *Réforme*, où arrivent, dès six heures du matin, les chefs du parti avancé, est le centre du mouvement républicain. Vers dix heures, des ban-

______

(1) Sarrans, op. cit., p. 365 et suiv.; Delahodde, op. cit., pp. 455, 456. « D'autres rassemblements, dit Delahodde, avaient parcouru la ville dans la soirée, cherchant aussi à ranimer l'émeute par des cris et des excitations ; mais la bande conduite par Sobrier fut la plus considérable et celle qui laissa sur son passage les plus détestables impressions ». Ne pas oublier que Delahodde doit être consulté avec précaution.

des armées arrivent aux abords du Palais-Royal. Là sont Baune, Pilhes, Albert, Fargin-Fayolle avec un fusil de chasse, Caussidière avec une carabine et un grand sabre de 93, pendu aux reins par un bout de corde. En face, le Château-d'Eau dresse un dernier obstacle, désespérément défendu par une garnison qui refuse de capituler. « La place du Palais-Royal et le poste du Château-d'Eau, dit M. Crémieux, étaient comme le point stratégique qu'il fallait occuper pour se rendre maître du Carrousel » et des Tuileries. Les démocrates accourent, l'agitation redouble, la fusillade crépite : on l'entend avec terreur des Tuileries, à quelques pas de là. Pilhes, Arago, Caussidière, Albert, dirigent l'attaque aux cris de : Vive la République ! « Leur exemple surexcite » l'exaltation croissante. C'est ainsi que Pilhes qui, l'un des premiers, lança l'attaque contre la monarchie, assista au dénouement, à l'assaut suprême, tandis qu'aux Tuileries Louis-Philippe finissait par signer son abdication (1).

(1) Pour l'attaque du Château-d'Eau, cf. Chenu, *Les Conspirateurs*, p. 77 ; Garnier-Pagès, pp. 213, 214, 220, 226, 227, 239, 240. Garnier-Pagès dit en parlant des hommes de la *Réforme* : « Déterminés, hommes de conviction, ils organisaient tour à tour la défense et l'attaque avec une âpreté de courage qui ne se démentit dans aucun moment, sur aucun point, devant aucun péril. » Delahodde, p. 466 et suiv. Chenu, *Les Conspirateurs*, cite en tête, Pilhes, puis Etienne Arago, Caussidière, Albert, Delahodde. Il ajoute : « ce furent les seuls chefs que je vis combattre, les autres, tels que Baune, Flocon, avaient jugé prudent de ne pas quitter la rue J.-J.-Rousseau ». Si l'on confronte le récit de Chenu avec celui de Garnier-Pagès, il semble que le premier soit injuste à l'égard de Flocon.

.*.

Vers deux heures, se tient, dans les bureaux de la *Réforme*, une réunion à laquelle assistent entre autres Louis Blanc, Flocon, Caussidière, Arago, Cahaigne, Sobrier, Fargin-Fayolle, Albert, Delahodde, Chenu, les amis de Pilhes : il s'agit de désigner les membres du gouvernement, de distribuer les emplois. Pilhes est absent (1).

Mais il est là quand, d'accord avec les démocrates, il faut définir le sens de la Révolution, en élargir la portée. Dès les premiers jours de mars, il signe le *Manifeste des Sociétés secrètes*, adressé aux républicains. On y rappelle les services rendus à la cause de la liberté par les carbonari « ces glorieux martyrs », la Révolution manquée de 1830. « Cette fois, est-il dit une double mission nous était imposée : l'établissement de la forme républicaine et la fondation d'un ordre social nouveau. Ainsi le 24 février, nous avons conquis *la République* ; la question politique est résolue. Ce que nous voulons maintenant c'est la solution de la question sociale, c'est un prompt remède aux souffrances des Travailleurs ». Suit la déclaration des droits de la démocratie avancée : droit au travail, moyens d'existence assurés à « ceux qui sont hors d'état de travailler ». « Plus de pauvres

---

(1) Delahodde, op. cit., p. 476, donne le nom de tous les présents. Le *National* avait, on le sait, dressé sa liste dès 1 h. de l'après-midi.

sous la République » ; enseignement gratuit pour tous. « L'insurrection est le plus saint des devoirs contre tout gouvernement qui viole les principes éternels de l'*Egalité,* de la *Liberté* et de la *Fraternité* ». « Point de transaction possible entre les soutiens du privilège aujourd'hui déguisés en républicains et les fervents apôtres de la démocratie ». Tous les membres des Sociétés secrètes sont invités à se mettre à l'œuvre « pour assurer le présent et fonder l'avenir », à « serrer les rangs pour la lutte électorale » qui se prépare, à étendre les aspirations démocratiques « au-delà des limites de la patrie ». Avec Pilhes ont signé ce document « au nom de leurs frères » les membres les plus en vue « des dernières sociétés secrètes », Etienne Arago, Albert, Flocon, Bernard, Boivin, Cahaigne, Fayolle, Zammaretti, etc. (1).

---

(1) *Murailles révolutionnaires de 1848,* t. I. Manifeste des Sociétés secrètes, p. 254. On sait que les républicains n'étaient pas d'accord. Les uns, soutenus par le *National,* se contentaient d'une révolution politique. Les autres demandaient une transformation sociale. V. surtout Longepied, *Le Club de la Révolution et le club des clubs, 1850.* Quentin-Bauchart, *La crise sociale de 1848.* Le *Manifeste des Sociétés secrètes* ne porte pas de date. Il est inséré dans les *Murailles révolutionnaires* entre les affiches du 2 et du 3 mars.

CHAPITRE III

Le lendemain du 24 février
L'action démocratique et sociale

La Révolution est triomphante, mais Pilhes proclame à plusieurs reprises, qu'une place suffisante n'a pas été faite à l'élément démocratique, à ceux qui ont mené le combat dans les rues. Hanté par les souvenirs de 1830, soupçonneux et défiant, il est de ceux qui conservent à l'égard des habiles, prêts à participer à la curée, « l'attitude révolutionnaire ». Il est de ceux qui, avec Caussidière, Sobrier délégués à la police, rappellent « que le peuple a été trop souvent trompé par la trahison ». Il se représentera, d'autre part, lui-même « constamment dans la rue ou dans les réunions populaires », « pour combattre les détracteurs du nouveau régime ».

Les membres des anciennes sociétés secrètes se sont disséminés dans divers clubs. La plupart sont entrés dans le *Société républicaine centrale* de

Blanqui. Ils ne tardent par d'ailleurs à former une sorte de « petit comité de salut public » pour la défense « des principes républicains ». C'est la commission instituée par Sobrier « pour appeler à la défense de la République tous les patriotes éprouvés ». A côté de Sobrier, de Barbès et de Pilhes se retrouvent Cahaigne, Boivin, A. Leroux, Pyat, Thoré. Un appel est adressé non seulement aux patriotes de Paris mais « à ceux de la France entière ». Il est demandé que « tous les bons citoyens viennent en aide au gouvernement provisoire ». Mais, à la fin de l'appel s'affirme déjà la défiance. « Les souvenirs de la curée de 1830, est-il dit, ont réveillé les appétits qu'il est urgent de modérer. Déjà les *habiles* ont à force d'obsessions ou de ruses, obtenu des nominations peu méritées ; il est temps d'éclairer le gouvernement dont ils ont surpris la religion. Pour arrêter le gouvernement sur une pente aussi glissante, un grand nombre de citoyens éprouvés ont nommé une commission chargée de réclamer le concours des patriotes restés purs (1) ». Ce sont les « rouges » qui

(1) Il est certain que plusieurs signataires trouvaient ainsi le moyen de protester contre leur propre éviction. C'est ainsi que Sobrier avait été écarté, dès le 28 février, de la préfecture de police où il s'était d'abord installé conjointement avec Caussidière. Dans l'appel adressé au peuple, sa signature est suivie de la qualité « de ex-délégué du peuple au département de la police ». Pilhes avait vu d'un mauvais œil la nomination de Darnaud, ancien député de l'opposition dynastique, comme commissaire du Gouvernement provisoire dans l'Ariège. C'est à cet appel que Delahodde fait allusion en le défigurant. — Delahodde, op. cit., pp. 503 et 504. V. **texte** de l'appel dans les *Murailles révolutionnaires*, I, 237.

se dressent contre les « bleus » du *National*. Ils se réunissent d'abord chez Sobrier, 25 rue Blanche. Là était le quartier général, d'où l'on surveillait « les menées de la réaction », le rendez-vous « des hommes les plus lancés dans le mouvement ». L'organe de ce groupe était la *Commune de Paris* dirigée par Sobrier et Cahaigne. Ce journal qui avait la plus grande influence « sur les hommes de la Révolution sociale », dénonçait les complots des royalistes et des *régentistes*. Il recevait les communications du préposé à la police, Caussidière. La commission présidée par Sobrier, le compagnon de Pilhes, avait, dit Lucas, pour troupe des Montagnards et pour trompette la *Commune de Paris* (1).

**

S'agit-il de continuer l'action révolutionnaire, de punir les agents de la monarchie, d'écarter ceux qui voudraient, dans le régime nouveau, se tailler une large place, les gens du lendemain, les profiteurs de toutes les révolutions, Pilhes est toujours là. Il fait partie de « l'espèce de conseil de guerre » chargé de juger, le 14 mars, le traître Delahodde. Delahodde

---

(1) Garnier-Pagès, op. cit. II pp. 33, 39, 73. Longepied, op. cit. Lucas, *Clubs et clubistes*, p. 68 et suiv. Cette commission fut l'origine du Club Barbès ou de la Révolution. Cf. Wassermann, *Les Clubs de Barbès et de Blanqui*. Cornély, édit., p. 78.

dénonçait, depuis 1838, les chefs du parti républicain, sans en excepter Pilhes, son ami. On avait pu souvent rencontrer ensemble Delahodde et le révolutionnaire ariégeois. Ils étaient à peu près du même âge, tous deux corpulents, mais on distinguait Delahodde à sa démarche un peu lourde d'homme du Nord, à son teint coloré, à sa lèvre supérieure à peine ombragée de quelques poils. Pilhes, dont tous appréciaient la générosité, avait mis en maintes circonstances, nous l'avons vu, sa bourse à la disposition du faux-frère, toujours besogneux. Et quotidiennement Delahodde, depuis trois ans, dénonçait l'homme de cœur, dont il sera plus tard obligé de reconnaître la loyauté (1).

Après les journées de février, sur les indications du chef de la police municipale, le dossier avait été découvert. On avait retrouvé une série de rapports, signés Pierre, dont l'auteur n'était autre que Delahodde. « Le misérable, dit Miot, n'avait pas épargné ses amis et ceux qui lui avaient rendu des services étaient les premiers dénoncés ».

Pilhes ne pouvait croire à une pareille trahison. Il doutait encore lorsqu'on lui présenta un document

---

(1) Delahodde op. cit., p. 499 : « Je n'ai eu, dit-il, de rapports un peu intimes, en fait de démagogues qu'avec M. Pilhes, et j'ai vécu journellement avec lui pendant trois ans ». Pilhes était également l'ami de Chenu autre espion que l'on commençait à soupçonner avant les journées de février. Le jour du banquet du XIIe arrondissement, Pilhes serra la main à Chenu de retour de Hollande et, en même temps qu'Albert et Caussidière, lui donna l'assurance qu'il ne l'avait jamais soupçonné (Chenu op. cit., p. 72).

signé *Pierre* qui devait finir de le convaincre. C'était une lettre à Delessert, ministre de la police pour lui demander une somme de 100 francs. Ces 100 francs avaient été donnés, à ce moment, en à-compte à Pilhes et à Ribeyrolles, qui avaient endossé pour Delahodde un billet de 250 francs. Cette particularité réveilla les souvenirs de Pilhes et détermina sa conviction.

Restait à faire justice.

Par ordre de Caussidière, préfet de police, « les patriotes » désignés dans les rapports furent prévenus d'avoir à se rendre, à 9 heures du soir, au Luxembourg. Albert, sans savoir de quoi il s'agissait, avait été invité à mettre une pièce du Palais à la disposition des juges. Delahodde, sans méfiance, après avoir dîné chez Caussidière, se dirige, accompagné de ce dernier, vers le Luxembourg. Dans le bureau d'Albert, se trouvaient déjà 15 personnes et les pièces à conviction : tout le décor d'un conseil de guerre. Un bureau est aussitôt constitué. Grandmesnil est nommé président. Caussidière explique le but de la réunion. Dénégations de l'accusé. « On l'écrase de faits et de preuves nouvelles ». Caussidière braque un pistolet à huit coups sur le prisonnier, pour prévenir toute résistance, et exhibe la liasse des lettres. L'accusé, qui écoute, « le dos appuyé à la cheminée », voyant que sa trahison est entièrement découverte, se voile la face de ses deux mains et, au milieu des sanglots et des larmes, s'écrie : « Oui, je suis un misérable, je suis un lâche, je suis un infâme !... » Et il plaide les circonstances atténuantes (1).

Pilhes alors présente un pistolet à son ancien camarade, et lui crie : « Tiens, brûle-toi la cervelle ! » (2) L'accusé ne bronche pas et le tribunal de l'invectiver avec fureur. Bocquet, l'un des combattants de la première heure, prend le pistolet des mains de Caussidière, le porte à deux doigts de la figure de Delahhode et s'apprête à faire feu. Albert s'interpose. Il veut éviter tout scandale dans sa demeure. Quelques-uns proposent d'empoisonner le traître. Protestations d'Albert, de Pilhes et de

(1) Delahodde, op. cit., pp. 500 et 501 : « Les uns voulaient me fusiller sur place, les autres dans le jardin ». Caussidière aurait proposé le poison, Albert aurait démontré l'impossibilité d'un meurtre en pareil lieu ; v. Miot, op. cit., pp. 74 et suivantes. Il est donné dans cette brochure de longs extraits des Mémoires de Caussidière. Il est intéressant de rapprocher le récit de Delahodde, de ceux de Caussidière et de Chenu. V. également Garnier-Pagès, op. cit., pp. 39-40.

(2) « Un des francs-juges, dit Delahodde, fut d'avis de m'offrir le pistolet afin que je me fasse justice. Je répondis que je ne me tuerai point. » C'est Bocquet qui, d'après Delahodde, alla prendre le pistolet des mains de Caussidière et le présenta à deux doigts de la figure de l'inculpé : « Tiens, dit-il, lâche que tu es, prends cela et casse-toi la tête, sinon je te la casse moi-même ». « Quelques-uns de ses anciens amis, présents à cette scène dramatique, l'engagèrent à se brûler la cervelle » (Caussidière). Miot affirme que c'est Pilhes qui présenta le pistolet. Delahodde a dû éprouver une certaine honte à nommer, à ce sujet, son ancien camarade. Chenu, op. cit., p. 152 et suiv., apporte quelques précisions. Chenu, convoqué au Luxembourg, craint qu'il ne lui soit fait personnellement un mauvais parti. Il raconte qu'on offre à Delahodde un revolver pour qu'il se tue. Sur son refus, Bocquet se précipite pour le tuer, Albert, Pilhes et Chenu lui-même s'interposent.

Chenu. Pilhes aurait compris que son ancien ami se fit justice lui-même, mais il ne peut supporter qu'on accable un homme sans défense. Finalement, Delahodde se contente d'écrire l'aveu suivant : « *Je déclare que tous les rapports signés Pierre sont de moi. Paris, le 14 mars 1848.* DELAHODDE. » Le procès-verbal fut signé, séance tenante, par Pilhes, Caussidière, Albert, tous les membres présents. On finit par amener Delahodde au dépôt de la Préfecture et ensuite à la Conciergerie. Le lendemain au soir, la *Commune*, de Sobrier, racontait cette aventure à laquelle Pilhes avait été mêlé d'une façon si émouvante.

****

Lorsqu'il s'agit d'organiser une immense manifestation collective pour assurer la prédominance de l'esprit démocratique et révolutionnaire au sein du Gouvernement et faire disparaître les velleités réactionnaires des « Messieurs du *National* », Pilhes est encore là. Dès le 10 mars, Cabet a lancé l'idée. Corporations ouvrières et clubs adhèrent avec empressement. Le 14, se réunit chez Flotte un comité central composé de 15 délégués des clubs et de 15 délégués des corporations. C'est le Comité des Trente ou Commission des Clubs. Pilhes en fait partie. Il ne tarde pas à y jouer, en qualité de secrétaire, un rôle actif. La Commission des Trente se déclare en permanence. Caussidière, préfet de police, Mercier, son beau-frère, Sobrier, Barbès, Pilhes, Delahodde, non encore démasqué, Grandmesnil et, même, au début, Blanqui tiennent des conciliabules, d'abord à la Préfecture de police, puis au Luxembourg, dans la chambre même d'Albert, membre du Gouvernement provisoire. Il s'agit de porter solennellement, « à la tête de la population tout entière », une pétition au Gouvernement (1).

Le 17 mars a lieu la grande manifestation populaire (2) ; elle a, on le sait, pour but de protester contre les menées des modérés, contre les « bonnets à poil », qui ont attaqué tout particulièrement Ledru-Rollin et la politique démocratique. Il s'agit d'accentuer la politique radicale, de demander l'éloignement des troupes et l'ajournement des élections. Quelques-uns, dont Blanqui et son club, désiraient, semble-t-il, épurer le Gouvernement, renverser les hommes au pouvoir. Au contraire, Pilhes, Sobrier et leurs amis étaient prêts à défendre, au besoin, le Gouvernement provisoire et tout particulièrement Ledru-Rollin. Quinze délégués des clubs révolutionnaires se sont réunis, la veille, avec quinze délégués, envoyés par les ouvriers du Luxembourg.

(1) P. Quentin-Bauchart, *La crise sociale en 1848*, Hachette, pp. 252-253. Lavisse, *Histoire contemporaine*, VI, pp. 54, 57-58.

(2) Garnier-Pagès, II, pp. 67-74. De la Gorce, *Histoire de la seconde République* (Plon, 1911), pp. 148-151.

Pilhes, l'un des secrétaires de la Commission des Clubs, assiste à la délibération. On décide de publier, le lendemain matin, un appel au peuple. « La soirée du 16 et la nuit sont employées aux préparatifs du lendemain. Dans les ateliers et les faubourgs, les corporations sont convoquées avec leurs drapeaux, les clubs avec leurs bannières... Rendez-vous est donné à lieu et heure fixés » (1).

Dès la pointe du jour, un appel est placardé sur tous les murs. Il porte les signatures de Sobrier, Pilhes, Cahaigne, Rozier, Ganneau, Lechallier, Imbert, etc., sécrétaires de la Commission des Clubs; il invite le peuple de Paris à se réunir, à 10 heures, sur la place de la Révolution. « .....Le peuple, est-il dit, est appelé aujourd'hui à la haute direction morale et sociale !.....

« Il est de son devoir de rappeler fraternellement à l'ordre ces hommes égarés, qui tenteraient encore de se maintenir, en corps privilégiés, dans le sein de notre égalité.

« Il voit d'un œil sévère ces manifestations contre celui des ministres qui a donné tant de gages à la Révolution.

« ...Nous avons versé notre sang pour la défense de la République, nous sommes prêts à le verser encore.

---

(1) Garnier-Pagès, op. cit., p. 67.

« ...A nous donc, citoyens ! Allons au Gouvernement provisoire l'assurer de nouveau que nous sommes prêts à lui donner notre concours pour toutes les mesures d'ordre, d'unité et de salut public.

« Vive la République ! Aujourd'hui, à 10 heures, place de la Révolution ! » (1).

Les membres des Comités, les Montagnards de Caussidière, les délégués des ouvriers du Luxembourg ont donné le mot d'ordre.

A 9 heures, la Commission des Trente, dont Pilhes fait partie, se réunit autour du bassin du Palais National (Palais Royal) et arrête le texte de la pétition au Gouvernement.

A 11 heures, un immense cortège se met en marche, clubistes autour de leur président, ouvriers endimanchés, autour de leurs bannières enrubannées.

En tête les « meneurs les plus ardents », les membres des sociétés, les chefs des clubs, Blanqui et ses sociétaires, la Commission des Trente, Sobrier, Pilhes et leurs amis. Les clubistes rangés par files de 30 ou 40 de front « s'avancent au pas lent d'une procession religieuse, enchaînés les uns aux autres par les mains, d'autres par de longs rubans rouges ou tricolores... » (Lamartine.) Discipline parfaite.

____

(1) *Murailles révolutionnaires*, II, p. 369. Garnier-Pagès, II, pp. 67-68. Longepied, op. cit., p. 25. Lavisse, *Histoire contemporaine. La seconde République.*

Les grilles de l'hôtel de ville, où se tient le Gouvernement peu rassuré, s'entr'ouvrent et une centaine de délégués se précipitent : Blanqui, Sobrier, Pilhes, Flotte, Lacambre... Les amis de Blanqui, agressifs, s'agitent ; Sobrier et les siens, appuyés par Cabet, manifestent une confiance entière dans le Gouvernement. Discours de Louis Blanc, de Ledru-Rollin, de Lamartine. Dehors, le peuple, lassé d'attendre, réclame à grands cris la présence des membres du Gouvernement provisoire. Membres du Gouvernement et délégués descendent les escaliers et parviennent jusqu'à la place, sur une estrade improvisée. Pour prévenir un coup de main, Sobrier, Barbès, Etienne Arago, Pilhes, les membres du club Popincourt (section des Droits de l'homme) montent la garde. Acclamations. Après le discours de Louis Blanc, les applaudissements éclatent. Le péril est conjuré, le défilé commence en bon ordre, le cortège s'éloigne et « la journée s'achève plus paisiblement qu'on n'eût osé l'espérer ». Pilhes est radieux. « Combien, déclarait-il à ses compatriotes de l'Ariège quelques mois plus tard, ce jour est cher à mon cœur ! 150.000 hommes, tous ouvriers de l'industrie, sans armes, tous animés d'un même esprit d'ordre, viennent protester de leur dévouement à la patrie ; ils viennent, par leur présence pacifique, assurer leur concours au Gouvernement provisoire. » Et « le lendemain de ce beau jour », un peu grisé par le rôle qu'il a joué, il croit, affirme-t-il, « à des titres réels pour représenter son pays ». La manifestation, cependant, n'a pu, au fond, faire accepter le programme proposé. Mais elle renforce singulièrement l'autorité de Ledru-Rollin et du parti démocratique. Le soir du 17 mars, le Paris populaire chante, illumine, se livre à des manifestations de joie en l'honneur « du premier triomphe de la République ». Dans les milieux modérés, perce l'étonnement, l'inquiétude. « On se demande, dit un témoin, ce que c'est que MM. Sobrier, Cahaigne, Pilhes, Rozier, Ganneau, Lechallier, Imbert, etc.. dont nul ne soupçonnait hier l'existence. Ils ont eu pourtant le crédit, en mettant leur nom au bas d'une affiche, d'ébranler 100.000 hommes et de les mouvoir en ordre à travers Paris » (1).

*
* *

L'entente entre les chefs des clubs, les ouvriers du Luxembourg, les Montagnards de Caussidière avait, au cours de la journée du 17 mars, amené le succès des éléments avancés. On se préoccupa, dès

(1) V. Pilhes, *Conférence*, op. cit., p. 3. Garnier-Pagès, op. cit., pp. 68 et suiv. De la Gorce, op. cit., p. 145 et suiv. Lavisse, *Histoire contemporaine. La deuxième République.* P. Quentin-Bauchart, op. cit., p. 270. Les déclarations du comte J. d'Estournel, dans ses *Derniers Souvenirs*, s'y trouvent reproduites.

lors, de transformer cette organisation provisoire
« en une organisation définitive et permanente » :
ainsi on mettrait un terme à l'incohérence des projets, à l'éparpillement des forces (1).

Le même soir était constitué le *Comité central
révolutionnaire pour les élections à l'Assemblée nationale :* il devait se réunir chez Sobrier et avoir pour
organe la *Commune de Paris.* Et nous retrouvons
dans ce Comité nombre d'adhérents de la Commission Sobrier : Pilhes, Barbès, Cahaigne, Thoré,
Grandmesnil, Martin Bernard et « autres anciens
détenus politiques », amis de Sobrier et de Caussidière. Un appel est aussitôt rédigé. Les adhérents
sont convoqués pour le lendemain 18, dans une salle
du théâtre Molière : il s'agit tout d'abord de constituer des comités spéciaux dans tous les arrondissements de Paris. Le lendemain, la proclamation est
publiée par le journal la *Commune* et affichée sur
les murs de la capitale. « Il faut, disent les membres
du Comité, que l'Assemblée nationale représente le
sentiment et la volonté du peuple ; tous nos efforts
doivent donc tendre à nommer pour représentants
du peuple des républicains, décidés à faire triompher la cause de l'égalité.

(1) On décida également de constituer un club nouveau, rival de
celui de Blanqui : ce fut le Club de la Révolution présidé par Barbès.
Wassermann, op cit, p 77 et suiv. Pilhes quitta le Club Blanqui,
dont il avait été l'un des fondateurs, pour entrer dans le Club
Barbès, *ibid.* pp. 10, 17, 236. Le club de la Révolution contribua
beaucoup à la formation du Club des Clubs.

« Nous n'avons que le nom de République ; il nous faut la chose.

« La réforme politique n'est que l'instrument de la réforme sociale. La République devra satisfaire les vœux des travailleurs et abolir le prolétariat.....

« C'est pourquoi les patriotes soussignés ont institué un Comité central qui fait appel à tous les vrais républicains, afin de constituer des comités spéciaux dans tous les arrondissements de Paris..... Vive la République ! » Au nombre « des patriotes soussignés » se trouvait encore Pilhes. Au cours de la réunion du 18 mars, furent jetées les bases de la fondation d'un Club des Clubs et d'un Comité central. Ainsi allait se réaliser le projet qui, depuis quelque temps, préoccupait les démocrates avancés, les Cabet, les Sobrier, les Barbès, les Pilhes. Ainsi devaient se retrouver tous ceux « qui, durant le dernier règne, avaient représenté, dans la presse, dans les associations politiques, d'abord publiques, ensuite secrètes, dans les conspirations et dans les mouvements insurrectionnels, la grande tradition révolutionnaire... » et tous ceux qui entendaient donner au nouveau régime une orientation ultra-démocratique (1).

(1) *Murailles révolutionnaires*, II, p. 417 ; Garnier-Pagès, II, p. 106 ; de la Gorce, I, p. 190. Sobrier s'installa rue de Rivoli, 16 : là s'organisèrent les bureaux de la commission du Club des Clubs, là se rédigeait la *Commune de Paris*. Dans la séance du 21 mars, fut arrêtée la constitution du Club central. Le dimanche 26 mars, dans une salle du

Pilhes n'assista pas à la formation définitive du Comité directeur et central des clubs, mais celle-ci était en bonne voie, lorsqu'il quitta Paris pour partir dans l'Ariège, son pays natal, en qualité de commissaire du Gouvernement provisoire.

Palais National, il fut procédé à l'organisation définitive. Cf. Longepied : *Comité révolutionnaire et Club des Clubs*, 1850. Le programme de ce Comité, d'après Lucas, op. cit., p. 56, était le suivant : « Centraliser l'influence de tous les clubs de Paris afin d'en faire un pouvoir dans l'Etat, réunir les hommes d'ordre pour disposer dans l'occasion de toutes les forces vives de la démocratie, influencer les électeurs et intimider les pouvoirs. » Dès le début, une démarche fut faite auprès du ministre de l'Intérieur pour lui demander quelques modifications dans le personnel des commissaires de département, qui représentaient surtout la *politique modérée*.

CHAPITRE IV

Pilhes, commissaire du Gouvernement provisoire. — Les débuts

La grande journée populaire du 17 mars avait eu entre autres résultats, celui de renforcer l'autorité de Ledru-Rollin. Dès lors, le ministre de l'Intérieur mieux soutenu, encouragé, s'était empressé de remanier, dans un sens démocratique, le personnel des commissaires du Gouvernement et de donner le pouvoir aux hommes de son choix, presque tous républicains avancés, du parti de la *Réforme* (1). C'est ainsi que Victor Pilhes fut envoyé dans l'Ariège, son pays natal, en qualité de commissaire-adjoint. Le 18 mars, Victor Pilhes, tout fier de la part qu'il a

(1) De nouveaux commissaires généraux furent chargés de surveiller les commissaires et les sous-commissaires. Ledru-Rollin remplaça 6 commissaires. Dans 13 départements, où le commissaire antérieur fut conservé, on lui adjoignit un collègue d'opinions plus avancées. V. Haury, *Les Commissaires du Gouvernement prov.*, Révol. fr., 1909.

prise à la grande démonstration populaire de la veille, se présente au Ministère de l'Intérieur. « Le lendemain de ce beau jour, dira-t-il plus tard, je crus, pour la première fois à des titres réels pour représenter mon pays ». Il vient, assure-t-il, faire ses adieux avant de se rendre dans son département. On lui apprend qu'Anglade, commissaire du Gouvernement pour l'Ariège, fatigué de lutter demande à se retirer. Pilhes s'oppose à ce qu'on accepte la démission de ce pur républicain de la veille. C'est alors que Ledru-Rollin le charge, en collaboration avec Anglade, et en qualité de commissaire-adjoint (1) d'administrer le département de l'Ariège (22 mars).

Energique, dévoué jusqu'au sacrifice de sa personne et de ses biens, toujours prêt à défendre, au besoin par la force, la république qu'il avait contribué à fonder, le nouveau commissaire gardait la tournure d'esprit des membres des sociétés secrètes et n'accordait sa confiance inquiète qu'aux républicains de la veille ; chez lui se maintenait l'inspiration démocratique du groupe de la *Réforme*. Il admirait et aimait Ledru-Rollin, toujours prêt, « pour la Révolution », « à tous les sacrifices possibles » (2). Mais, d'autre part, Pilhes avait subi l'influence des conceptions sociales de Proudhon. Pilhes et Proudhon

---

(1) Conférence par le citoyen Pilhes, op. cit., p. 3. La nomination de Pilhes est datée du 22 mars. *Annuaire de l'Ariège*, 1913.

(2) *Ibid.*, p. 30.

étaient étroitement liés : ensemble, on l'a vu, ils avaient essayé de fonder, dès 1847, le nouveau journal le *Peuple,* ensemble, ils s'intéressaient à des affaires de librairie, au projet de Banque du peuple (1). Jusqu'à un certain point, ils étaient en communion d'idées. Nous retrouvons chez Pilhes quelques-unes des conceptions essentielles de Proudhon. Comme son maître, il réprouve « les sectes socialistes » dont les doctrines lui paraissent « radicalement fausses ». Il répudie avec « horreur » l'épithète de communiste dont on ne tardera pas à l'accabler dans son pays. « Ne soyez, dira-t-il aux Fuxéens; ni phalanstériens, ni communistes, ni tout autre chose. Méfiez-vous de la doctrine... dont le cadre est arrêté. Le vrai socialisme est la science, qui doublement opposée soit à l'individualisme qui sacrifie l'intérêt général à l'intérêt égoïste, soit au communisme qui sacrifie l'intérêt particulier à l'intérêt général, concilie les deux éternels principes de la liberté et de l'autorité, en donnant à chacun de ces principes une part égale » (2).

(1) Proudhon, *Corresp.*, II, à Victor Pilhes, 13 avril 1848; Darimon, op. cit., p. 48.

(2) Conférence par le citoyen Victor Pilhes. « ...La communauté icarienne » est, d'après lui, « la plus absurde des utopies ». « J'ai en horreur le communisme, dit-il dans sa profession de foi aux électeurs de l'Ariège, en repoussant au loin toute secte socialiste qui porte atteinte à la propriété et à la famille ». Il ne parlait pas pour les besoins de la cause, puisqu'avant 1848 il avait eu de fréquentes altercations avec les communistes. (Cf. plus haut). Pour les accusations contre Pilhes, cf. *Gazette du Languedoc,* 22 avril.

Au moment de quitter Paris, Pilhes dirigeait une petite boutique de librairie, rue Croix-des-Petits-Champs, à l'entrée du Cloître-Saint-Honoré. C'était le début d'une entreprise qui devait, dans son esprit, devenir la « librairie de la Révolution ». Le nouveau commissaire laissa la boutique à un certain Caze, « un homme bon à rien », au dire de Proudhon ; mais c'est ce dernier qui fut chargé de la direction et de la surveillance de l'entreprise. Proudhon prit à son service « un nommé » Gilbert auquel il associa « un vieil Allemand », le père Eisermann, admirateur de l'écrivain socialiste. En l'absence de Pilhes, l'entreprise végétait. Darimon, en quête d'un éditeur, trouvait, le 21 avril, au milieu de quelques brochures éparpillées, le vieil Allemand empressé à satisfaire ses rares clients. Quoiqu'il en soit, Proudhon ne manquait pas de mettre Pilhes au courant de la marche de la librairie, des comptes, des dépôts faits par les libraires : il lui faisait connaître, en même temps, nous le verrons, son sentiment sur la politique et les tendances du Gouvernement provisoire (1).

Tels étaient le passé, les idées, les préoccupations du commissaire du Gouvernement nommé par Ledru-Rollin.

(1) Darimon, op. cit., p. 28 ; Proudhon, *Corresp.*, t. II, à Pilhes, 13 avril.

**

Le département de l'Ariège, qu'il venait administrer était encore en pleine effervescence. Comme en 1830, les paysans des hautes vallées s'étaient mis en état d'insurrection contre le régime forestier (1). Dans le Donnezan, autrefois pays autonome, ils s'étaient portés en masse vers les forêts, avaient traqué, chassé les gardes, vendu leur mobilier sur la place publique.

Les forêts d'Ax, de Prades, bordant les hautes vallées ; celles de Gourbit, de Rabat, d'Arnave, de Prayols, de la Barguillère couronnant les massifs de la moyenne Ariège étaient envahies par les foules destructrices. Les rudes montagnards du canton d'Oust s'emparaient des bois. A Ustou, dès les premières nouvelles de la Révolution, le 1er mars, tandis que tombait la neige « abondante et froide », les gardes forestiers étaient traînés de force vers la place publique du Trein, en présence de la population des

(1) Le code forestier de 1827 avait profondément irrité les populations pastorales qui, à l'époque de Colbert, avaient obtenu, en marge du code forestier de 1669, leur *réformation* particulière. En 1830, les paysans de la Haute-Ariège, revêtus de chemises blanches, la figure noircie, une peau de mouton sur la tête, avaient épouvanté par leurs excès les populations. Pour ce qui concerne le soulèvement du Quérigut, cf. Ph. Morère, *La Révolution de 1848 dans un pays forestier* (Bull. Soc. Hist. de la Révol. de 1848, t. XII, n°° 70 et 71, et *l'Ariège avant le régime démocratique*, I, *le Paysan*, ibid., t. XIII.

trois paroisses de la commune, chantant la *Marseillaise* et vociférant. Menacés d'être mis en pièces, ils étaient, séance tenante, forcés de donner par écrit leur démission.

En vain a-t-on fait appel au patriotisme des maires et de tous les bons citoyens, en vain a-t-on promis une amnistie pour les délits forestiers anciens, en vain a-t-on envoyé des troupes dans les localités les plus troublées, les populations s'obstinent à rester maîtresses des forêts, à tenir à l'écart les gardes (1).

D'autre part, les mineurs de Rancié sont en pleine effervescence. On annonce, dès les premiers jours, que les muletiers chargés du transport du minerai de fer veulent incendier le bureau de perception des droits. Les jurats, menacés et insultés, n'osent, « à cause de l'exaltation des esprits », appliquer le règlement. Ils se plaignent d'être débordés (2). Les forgeurs, qui ont eu à souffrir de la crise des forges à la catalane surtout depuis 1840, sont en désaccord avec leurs patrons (3). Les ouvriers des tissages de Lavelanet sont en chômage. A Camarade, la popula-

(1) *Archiv. départ.*, Mⁱ 72. Commissaire du Gouvernement prov. à maire de Mercus, 11 mars. *Ariégeois*, 29 février, 14 mars, 16 mai, 15 avril.

(2) Ph. Morère, *L'Ariège avant le régime démocratique, les Mineurs de Rancié*, Foix, Gadrat, 1913, p. 22, extrait du *Bulletin de la Société d'histoire de la Révolution de 1848*, t. X, nᵒ 16. En 1830, l'agitation avait été encore plus grave.

(3) Id. *Les Forgeurs*, Foix, Gadrat, p. 23, extrait du *Bulletin de la Société de 1848*, t. XI, nᵒ 63.

tion, mécontente des nouveaux règlements imposés par la monarchie de juillet, envahit les salines (1). Des désordres ont éclaté dans les communes d'Esplas et de Castelnau : le commissaire du Gouvernement provisoire, le 14 mars, donne des instructions pour que « les propriétés, soit communales, soit privées, soient respectées (2). A Albiès, dans la nuit du 26 mars, des hommes venus de la commune de Pech cherchent, dit-on, à « ameuter le peuple », prétendant que tout le canton doit se rendre aux Cabannes, le chef-lieu, en vue d'une démonstration révolutionnaire (3). A Gourbit, le curé est insulté et menacé (4).

A côté des désordres sociaux, les divisions politiques. Dès les premiers jours de la Révolution, le conflit surgit entre les républicains de la veille et ceux du lendemain. Encore est-il difficile d'établir entr'eux une réelle démarcation : les rivalités personnelles, les rivalités de clocher si vives en ce pays, autant que les conceptions politiques exaspèrent les querelles. La ville de Foix tend à imposer une direction. Le pouvoir départemental flotte d'un parti

(1) *Archiv. départ.* M⁴ 72, 1848, commissaire du gouv. au juge de paix Ladevèze, 15 mars, et S⁰ 41, *Salines de Camarade.*

(2) Ibid. M⁴ 72, 1848, commissaire du gouv. au délégué de Saint-Girons, 14 mars.

(3) Ibid. Le commandant de la garde nationale d'Albiès au commis. du gouv., 26 mars.

(4) *Archiv. départ.*, M⁴ 72. Lettre du D⁰ Teulière à Victor Pilhes, 10 mai. Renseignement communiqué par Toussaint Nigoul.

à l'autre. Du 26 février au 7 mars, une commission provisoire avait, sous la présidence d'Anglade, ancien député d'opposition radicale, administré l'Ariège (1). Le 7 mars, Darnaud, ancien député de l'opposition dynastique, très influent dans son pays et appuyé, disait-on, par Crémieux, était installé en qualité de commissaire du Gouvernement provisoire. A peine avait-il eu le temps de procéder à quelques nominations dans le personnel municipal et judiciaire que, par ordre de Ledru-Rollin, il cédait la place à l'ancien président de la commission provisoire, Anglade (2). Ce dernier était l'homme des républicains de la veille. Son honnêteté, son intervention remarquée, en 1833, en faveur de la suppression de l'impôt du sel lui avaient acquis l'estime et la reconnaissance des paysans de l'Ariège. D'une santé précaire, peu combattif, peu porté aux mesures extrêmes, le nouveau commissaire avait laissé s'accumuler les difficultés.

D'autre part, dans les communes, se perpétuaient

(1) *Ariégeois*, 29 février. Th. Silvestre, ancien sous-commissaire du gouv. : *Première lettre aux citoyens du département de l'Ariège*, Paris, Sandré, 1849, 48 p.

(2) *Ariégeois*, 14 mars. Quelques républicains de la veille, tels que Oizel, nommé adjoint au maire de Foix, Bretou, avocat, originaire de Foix, s'étaient ralliés à la politique de Darnaud. Oizel et Bretou étaient considérés depuis longtemps comme des adversaires de la monarchie de juillet. (*Archiv. départ.*, M^h 72, l, républicanisme, banquets, sociétés secrètes.) Ils se dresseront contre la politique de Pilhes. Ne pas oublier que F. Darnaud termina sa carrière politique en lançant, à l'occasion du 16 mai 1877, un appel en faveur du parti républicain.

les désordres et l'instabilité. En bien des endroits, des municipalités provisoires ont été proclamées, tout d'abord, par les populations (1) ; d'autres sont ensuite désignées durant le court séjour de F. Darnaud à la préfecture (2). Après l'installation d'Anglade, nouvelles modifications. Des délégués, maires, instituteurs sont chargés de procéder à l'installation de municipalités dans un certain nombre de communes. Ce n'est pas sans mal. Ici, l'on refuse de remettre au nouveau titulaire les archives, l'écharpe, le sceau de la mairie ; là, on demande une enquête, on menace, on est sur le point d'en venir aux mains ; des coups de feu partent dans la rue (3).

Devant ces difficultés et ces désordres, Anglade, malade, découragé, six jours après sa nomination, s'est retiré aux Cabannes, son village natal. Il a délégué ses pouvoirs à son ami Charles Noyez, ancien conspirateur des sociétés secrètes, membre de la commission départementale (17 mars) (4).

(1) Foix, Pamiers, Saint-Girons, les Pujols, Aulus, etc.

(2) A Foix, Darnaud met un de ses partisans, l'avoué Doumenjou, à la tête de la municipalité.

(3) *Archiv. départ.*, M^{le} 72. Lettre du maire du Mas-d'Azil (15 mars) ; habitants de Bénac à commis. du gouv. provisoire (26 mars) ; habitants de Sem au même (événements du 27 février au 22 mars) ; commis. du gouv. prov. à s.-commis. de Pamiers (16 mars), à propos de Léran.

(4) *Arch. départ.*, M^{le} 72, Anglade à Noyez, 17 mars.

*
* *

Pilhes, nommé commissaire le 22 mars, arrivait au début d'avril à Foix. Le 4 avril seulement, apparaît sa signature sur les actes officiels (1).

Avant de quitter Paris, Ledru-Rollin lui a donné, dans son cabinet, ses dernières instructions : « Vous avez rempli un grand devoir à Paris, lui a-t-il dit, vous allez dans l'Ariège participer, par des travaux plus importants à la fondation de la République ; vous aurez, sans nul doute, des *luttes à soutenir :* vous seconderez de tous vos efforts le Gouvernement dans l'immense responsabilité qui pèse sur lui. N'envoyez à l'Assemblée constituante que des républicains connus et éprouvés ; quelles que soient les nécessités d'argent indispensables, impérieuses, la *caisse de l'Etat vous est ouverte,* vos pouvoirs sont illimités ; nous avons confiance en vous, vous saurez faire votre devoir. » Ces paroles, rapportées plus tard par Pilhes, paraissent dans le fond, sinon dans la forme, authentiques. Ledru-Rollin avait remis 500 francs au nouveau commissaire, peu fortuné. « Cette somme prise sur les fonds secrets, déclare Pilhes, était destinée à couvrir les frais de voyage et à sub-

(1) Il n'y a pas de traces aux archives départementales du procès-verbal d'installation. Le 4 avril, Pilhes signe, conjointement avec Anglade, les nouvelles instructions relatives aux élections à l'Assemblée constituante et l'arrêté relatif à la réorganisation des gardes nationales.

venir à des dépenses fortuites, inattendues et nécessaires en faveur des institutions républicaines » (1).

La nomination de Pilhes à Foix était bientôt suivie de celle de Théophile Silvestre en qualité de sous-commissaire à Saint-Girons (2). Originaire du Fossat (Ariège), le nouveau sous-commissaire n'avait que 25 ans. « Taille ordinaire, teint brun, carrure solide », « poilu, bourru, avec de terribles yeux qu'on voyait luire sous d'énormes sourcils retombants » : « on eût dit un inquisiteur d'outre-Pyrénées ». Ami de Blanqui et de Louis Blanc, il appartenait au parti avancé. Ledru-Rollin semble l'avoir chargé de venir appuyer dans l'Ariège la candidature de Xavier Durrieu, journaliste très en vue, originaire du Saint-Gironnais (3). Peut-être aussi n'était-il pas fâché

(1) *Le Travailleur*, 20 juillet 1851, lettre à Anglade. Pilhes répond aux accusations lancées contre lui par la commission d'enquête sur l'administration du Gouvernement provisoire. « Ces souvenirs, je le déclare formellement, dit Pilhes, sont précis et j'en appelle, en cas de besoin, à la loyauté bien connue de l'homme qui m'offrit et de qui je reçus mon mandat, à Ledru-Rollin. » On reconnaît, dans ces propos, le ton des circulaires de Ledru-Rollin (12 mars-8 avril). Pilhes fit souvent preuve de loyale franchise, principalement lors de son procès devant la Haute-Cour de Versailles. On peut, dans bien des cas, avoir confiance en sa parole.

(2) Sur Théophile Silvestre, cf. abbé Duclos, *Histoire des Ariégeois*, I, 297, 419 ; V, 129 ; VI, 231, 619 ; VII, 717.

Silvestre, polémiste vigoureux, fut candidat à la députation dans son département, fonda un journal de combat le *Républirain de l'Ariège*, se rallia plus tard à l'empire et fut un critique d'art des plus en vue. Cf. portrait dans Daudet, *Souvenirs d'un homme de lettres*, édit Fayard, p. 10 et Raoul Lafagette (*Silhouettes : Théophile Silvestre*) inédit.

(3) Xavier Durrieu, directeur du *Courrier français*, ami d'Arnaud (de l'Ariège), de Ledru-Rollin, était originaire de Castillon.

de profiter de l'occasion pour se débarrasser d'éléments turbulents, toujours prêts à prendre part aux troubles de la capitale. En tout cas, ces nominations marquent très nettement une nouvelle orientation de la politique en Ariège.

Théophile Silvestre et Pilhes devaient marcher la main dans la main. Ledru-Rollin écrivait à ce dernier : « J'ai nommé le citoyen Théophile Silvestre sous-commissaire à Saint-Girons. C'est un de vos amis. Il vous donnera sur la situation de Paris des renseignements qui ne seront pas pour vous sans utilité. Il ne fera rien que par vos ordres... »

Silvestre arrivait avec l'espoir de s'entendre avec Pilhes pour provoquer une transformation « prompte et radicale » (1).

D'autre part, Anglade avait repris ses fonctions (2), prêt à collaborer avec Pilhes, son ami, en vue d'une action démocratique.

Les commissaires songèrent à changer la municipalité de Foix notoirement favorable aux républicains du lendemain (3). Surtout, ils se préoccupèrent de créer, sous leurs auspices, un journal

---

(1) *Première lettre...*, op. cit., pp. 24 et 25.

(2) Un arrêté du 1ᵉʳ avril, relatif au respect dû aux églises, porte la signature d'Anglade.

(3) *Première lettre...*, op. cit., p 26 ; *Ariégeois*, 11 avril, p. 1, col. 1. Pilhes répondra à une délégation de la municipalité qu'aucune décision n'a été prise à ce sujet, mais il n'en démentira pas le projet, de même Th. Silvestre, op. cit., p. 35.

dévoué au parti avancé et destiné « à éclairer le peuple sur les principes et les œuvres du Gouvernement de la République ». Il existait alors, à Foix, un journal, l'*Ariégeois*, qui avait soutenu la politique de tous les préfets et dont « l'allure avait été en tout temps modérée ». Le 5 avril, Pilhes fit appeler les directeurs à la préfecture. Ceux-ci, habitués à se charger des impressions officielles, acceptèrent les propositions qui leur furent faites. Il fut convenu que le journal l'*Ariégeois* serait transformé en un journal nouveau, la *République*, journal de l'Ariège. Le premier numéro devait paraître le lendemain. Ainsi s'annonçait de toute façon une politique de combat.

CHAPITRE V

Pilhes, commissaire du Gouvernement provisoire.
Les premières difficultés. — Les élections

Mais de nouvelles difficultés se préparaient. « Les citoyens Anglade et Pilhes, dit Th. Silvestre, se trouvaient à Foix dans la situation la plus fausse » (1). Ils pouvaient compter, sans doute, sur l'appui de Ledru-Rollin, ministre de l'Intérieur, mais non sur celui de quelques membres du Gouvernement provisoire. Il semble bien, en particulier, que Crémieux, ministre de la Justice, ait plutôt donné son appui, dans l'Ariége, aux républicains du lendemain. Républicain de fraîche date lui-même, il appartenait, on le sait, à la fraction modérée du Gouvernement provisoire et se montrait favorable aux anciens

(1) Th. Silvestre, op. cit., p. 21.

dynastiques (1). Darnaud, son ancien collègue et ami, pouvait compter sur son concours. Par là s'expliquent une série de nominations, dans l'ordre judiciaire, qui devaient singulièrement entraver la politique d'Anglade et de Pilhes. Au moment où Ledru-Rollin envoyait Pilhes dans l'Ariège, les nominations de juges, faites par Crémieux, marquaient une orientation en sens inverse. Ce fut, d'abord, une fournée de juges de paix appelés à plaire aux modérés et aux anciens dynastiques (2).

Puis, les parquets de Foix et de Saint-Girons étaient mis entre les mains des adversaires d'Anglade et de Pilhes : Bretou, avocat de Foix et partisan de la politique modérée, malgré son passé peu favorable à la monarchie, était nommé commissaire du Gouvernement près le tribunal de Saint-Girons ; et, par arrêté du 31 mars — le jour même où Ledru-Rollin chargeait Th. Silvestre d'aller représenter en Ariège la politique démocratique — Joffrès, ancien maire de Foix sous la monarchie de juillet, était mis à la tête du parquet de cette ville. Cette nomination paraissait à l'*Officiel*, le 5 avril, au moment où la situatiou

(1) *Ibid.*, p. 14. Silvestre attaque vivement Crémieux : « Ce ministre de hasard, venu pour empoisonner la République au berceau ». « Crémieux, souple, adroit, peu sûr », affirme Quentin-Bauchart, op. cit., p. 152.

(2) *Ariégeois*, 28 mars, 4 avril. Canel, ancien juge de paix, nommé à Varilhes, Durand à Ax, etc.

devenait, nous le verrons, critique pour les commissaires du Gouvernement (1).

D'un autre côté, Pilhes, en particulier, ne pouvait guère compter sur l'appui du commissaire général en résidence à Toulouse, le citoyen Joly (2). Théophile Silvestre, passant pour se rendre dans l'Ariège, vit ce dernier entouré de partisans de Darnaud.

« M. Joly était, dit-il, à l'égard de Pilhes, animé de dispositions malveillantes. Il s'exprima sur son compte en des termes qui me blessèrent profondément (3).

Le commissaire Pilhes et le sous-commissaire Silvestre n'avaient donc point en fait « les pouvoirs illimités » que leur avait attribué Ledru-Rollin. D'un autre côté, l'accueil qui leur fut fait par la bourgeoisie des villes de Foix et de Saint-Girons fut plus que réservé. Le journal l'*Ariégeois* se contente d'enre-

---

(1) *Ibid.* et Th. Silvestre, op. cit., p. 25.

(2) On sait que, dans beaucoup de départements, les commissaires eurent au-dessus d'eux un commissaire général. Après le 17 mars, Ledru-Rollin augmenta considérablement le nombre des commissaires généraux. Joly avait été nommé commissaire général de la Haute-Garonne, du Tarn, du Tarn-et-Garonne, du Gers, de l'Aude et de l'Ariège. Il dirigeait en partie la politique du sud-ouest. Th. Silvestre le prend vivement à partie ; il l'appelle « tribun pusillanime », « le plus vaniteux et le plus susceptible grognard de la République ». Th. Silvestre, op. cit., p. 17.

(3) *Ibid.*, pp. 16 et 22. Silvestre attribue le rapprochement de Darnaud et de Joly à des raisons électorales. Joly se présenta, en effet, dans l'Ariège aux élections d'avril, en dehors de la liste Anglade-Pilhes. Il semble que Joly qui, d'abord, s'était prononcé contre Darnaud (Arch. Haute-Garonne, M 93, 21 mars), change d'attitude à l'arrivée de Pilhes.

gistrer sans commentaires — contrairement à son habitude, en pareil cas — la nomination de Victor Pilhes (1). Ce fut bien pis à Saint-Girons. Anglade se proposait d'aller y installer lui-même Théophile Silvestre, le nouveau sous-commissaire. Mais l'on apprit, le 5 avril, que Saint-Girons refusait de recevoir l'envoyé de Ledru-Rollin et entendait conserver à la tête de l'arrondissement l'avocat Rouaix, ancien membre de la commission provisoire, nommé sous-commissaire par Joly (2).

Le même jour, paraissait à l'*Officiel* la nomination de Joffrès en qualité de commissaire du Gouvernement près le tribunal de Foix. Le parti modéré exultait. Anglade, découragé, fatigué, résigna ses fonctions qui, « depuis quelque temps, lui étaient à charge ». Il faisait connaître aux Ariégeois les motifs de sa démission en termes énergiques et les engageait à manifester leur confiance à l'égard de Pilhes. « Il la mérite, disait-il, ses actes le prouve-

(1) *Ariégeois*, 28 mars. « Le citoyen Victor Pilhes, de Tarascon, est nommé commissaire général adjoint du département de l'Ariège ».

(2) Th. Silvestre, *op. cit.*, p. 23 et Arch. départ., M^h 72 (Joly à Rouaix, sans date). Rouaix fut nommé représentant du peuple à la Législative. L'abbé Gouazé écrit à Bordes-Pagès, le 8 avril 1848 : M. Rouaix « a failli être destitué parce que, dans le club, il a fait de l'opposition à M. Durrieu (candidat à la députation). Un ami de ce dernier, M. Silvestre, est arrivé en poste à Saint-Girons pour le remplacer, mais quelques jeunes gens de la ville menacèrent de faire un accueil peu gracieux au nouveau sous-préfet M. Silvestre, alors, a renoncé à la sous-préfecture à condition que M. Rouaix patronnerait l'élection de M. Durrieu. » (J. Ageorges, *Une famille française au XIX⁰ siècle*, (les Pagès et les Bordes-Pagès), Tourcoing, 1920, p. 304.

ront ; de mon côté, et je suis heureux de lui en donner ici le témoignage, j'aurai à cœur de conserver avec lui les bons rapports que nous avons eus... Ariégeois, vive la République ! »

En vain Pilhes et Silvestre avaient-ils essayé de retenir Anglade à son poste, car ils tenaient par dessus tout à se couvrir de son autorité morale. Anglade était l'ami de Pilhes. Il consentit à rester quelques jours auprès de lui « sans conserver le moindre caractère officiel » (1).

Il fallait d'urgence remédier à la retraite d'Anglade et au conflit qui menaçait de s'aggraver à Saint-Girons. Pilhes prit sur lui de conserver Rouaix en qualité de sous-commissaire dans cette dernière ville et de retenir Silvestre à Foix. Par arrêté du 5 avril, le sous-commissaire de Ledru-Rollin était nommé commissaire-adjoint du département. Au même instant, Pilhes écrivait au ministère de l'Intérieur pour le prier de confirmer officiellement cette désignation (2).

La démission d'Anglade, la nomination de Silvestre, la présence à la préfecture de deux partisans du

____

(1) Th. Silvestre, op. cit., p. 23 ; la proclamation d'Anglade, datée du 5 avril, parut le 6 avril dans le premier numéro du journal la *République*, elle est reproduite dans Silvestre, op. cit., pp. 33-34.

(2) Th. Silvestre, op. cit., pp. 23 et 24.

parti extrême, jeunes tous deux, acheva d'inquiéter la bourgeoisie de Foix, déjà fort alarmée par les journées parisiennes et plus particulièrement par la démonstration du 17 mars (1).

Le lendemain 6 avril, paraissait le premier numéro de la *République*, le journal, nous l'avons vu, des commissaires. Le premier article qui semble dû à la plume cinglante de Th. Silvestre était intitulé : *La Révolution, les intrigants*. Après avoir rappelé le triomphe du peuple en février et « la bonne foi », « le patriotisme éprouvé » des commissaires du département de l'Ariège, il dénonçait « quelques résistances malheureuses ». Des hommes, disait-il, entachés des traditions du passé rapportent, au milieu des intérêts généraux du pays, leurs ambitions personnelles, leurs espérances froissées, leurs intrigues impuissantes.

... « Que ces hommes traversent le dédain public s'ils le peuvent ; mais que leurs menées actives ne soient jamais une cause de désordre !

« Les citoyens commissaires du département de l'Ariège sauraient les déjouer... » (2).

C'en était trop. La démission d'Anglade parue dans le journal du même jour, les insinuations, les

----

(1) Ou sait que, dans quelques villes, les commissaires nommés par Ledru-Rollin après le 17 mars furent mal reçus par les populations. Cf. *Haury*, op. cit L'attitude à l'égard de Pilhes n'a donc rien d'exceptionnel.

(2) Th. Silvestre, op. cit., pp. 29-33.

attaques, les menaces, tout cela exaspéra ceux qui avaient, au chef-lieu, une situation acquise, ceux qu'effrayait la politique des commissaires, ou simplement ceux que froissait la tendance « à l'exclusivisme et à la personnalité ». Les adversaires de Pilhes, encouragés d'un autre côté par la nomination de Joffrès au parquet de Foix, se livrèrent aussitôt à des manifestations hostiles. La foule excitée envahit l'imprimerie Pomiès, saisit les numéros du journal prêts à être envoyés dans le reste du département, les lacéra, les brûla au pied de l'arbre de la Liberté. Th. Silvestre affirme que le procureur Joffrès lui-même, venu en tête des manifestants fit défense à l'imprimeur de publier le nouveau journal sous peine de voir ses presses brisées (1).

Ce n'est pas tout : une protestation officielle se prépare. La municipalité, le club des Intérêts du peuple composé de modérés, le bureau du comité électoral républicain favorable à la candidature de Darnaud et de ses amis demandent à être reçus par le citoyen Pilhes afin de lui demander des expli-

(1) *Ibid.*, p. 28 et 36-48. L'affaire fit du bruit, la presse parisienne s'en mêla. Le récit en parut dans le journal de Xavier Durrieu, le *Courrier français* (13 avril). La *Réforme* (13 avril), la *Gazette de France*, le *Représentant du Peuple* (13 avril), l'*Assemblée nationale*, la *Vraie République* (16 avril), la *Patrie*, l'*Estafette*, l'*Univers*, le *Corsaire*, le *Commerce* reproduisirent le récit du *Courrier français*. Ce dernier journal revient à la charge le 24 avril. Le 15 avril, Th. Silvestre adressait une protestation à la *Réforme*, le 24 avril au ministre de la Justice. Th. Silvestre, op. cit., pp. 34 à 48.

cations. Les délégués arrivent à la Préfecture : ils sont reçus par Anglade, Pilhes et Silvestre. Les commissaires, isolés, ne peuvent même pas compter, nous le verrons, sur l'appui de la garde nationale composée en grande partie d'adversaires. On les interroge « avec brusquerie ». Un délégué demande les motifs de la retraite d'Anglade. « Est-ce que vous auriez l'intention de me retenir prisonnier ? » réplique celui-ci. La délégation demande si les projets de dissolution du conseil municipal de Foix sont fondés, proteste contre « l'atteinte portée à la liberté de la presse » par la suppression du journal l'*Ariégeois*, émet le vœu qu'il soit mis un terme au pillage des forêts « si funeste à l'avenir industriel du pays », met en cause les idées politiques de Pilhes.

Pilhes répond avec sans-froid : il déclare qu'il n'a pas l'intention de dissoudre la municipalité de Foix, qu'aucune restriction n'a été apportée à la liberté de la presse puisqu'un second journal pouvait se créer à côté de la *République;* il fait appel au concours de tous pour le maintien de l'ordre. Mais, en ce qui concerne ses actes de politique générale, « fort de la sympathie des habitants de l'Ariège, fort de son mandat », il déclare « qu'il ne relève que de ses convictions et de sa conscience » (1).

---

(1) Les récits de cette journée faits par Silvestre, op. cit., pp. 27, 34, 35 et l'*Ariégeois* (11 avril) se complètent parfois. Il y a lieu de les confronter avec prudence. Le récit de l'*Ariégeois* a l'allure d'un communiqué. « La convenance et la franchise des explications du

Cette séance orageuse se termina par des concessions : on fit valoir que le personnel des imprimeries Pomiès « vu les travaux urgents qui se succédaient » ne pouvait suffire, en ce moment, à la publication de deux feuilles et le nouveau journal des commissaires cessa de paraître.

Silvestre avait assisté à « la conférence » sans mot dire, rongeant le frein. Partisan de la manière forte, il insista vainement pour déterminer Pilhes « plus prudent » à employer des moyens énergiques « devenus nécessaires ». Il estima que le mandat des commissaires avait été « violé » et qu'un « attentat » avait été commis.

Dès lors, Silvestre donne sa démission de commissaire-adjoint à Foix et de sous-commissaire à Saint-Girons. Dans une proclamation enflammée, il affirme qu'il lui est impossible « de retenir la part de l'autorité que le citoyen Pilhes a bien voulu lui confier d'*urgence* à Foix ». « Citoyens, dit-il, frères et amis, je suis un enfant de votre département, je je dois en sortir avec mon mandat et mon caractère inviolés ».

Et il rentre à Paris pour demander « une répression sévère », en particulier « la révocation du sieur Joffrès ».

citoyen Pilhes, dit l'*Ariégeois*, ont rassuré tout le monde et prouvé qu'il entendait mériter, comme homme public, la considération qu'il possédait déjà comme homme privé. On s'est enfin séparé en s'assurant une mutuelle satisfaction et un concours actif pour l'ordre public. »

Avant de quitter Toulouse, le 9 avril, il rédigea une adresse aux habitants de l'Ariège. On y rappelait, en termes violents, « l'insulte terrible faite à la République par ses ennemis » (1).

Pilhes pria les amis de Silvestre de renoncer à cette publication qu'il « regardait comme dangereuse pour l'autorité de la préfecture » (2).

De son côté, Pilhes adressait à ses « chers concitoyens » la proclamation suivante (3) :

« Je m'adresse à vous et comme républicain et comme enfant de l'Ariège. Vous me connaissez tous.

« Animé des meilleures intentions, je crois avoir droit à votre sympathie et à votre concours.

« La cause du peuple est la mienne, je lui ai donné tout mon dévouement depuis mon enfance, je lui dois jusqu'à ma dernière heure.

« Resté seul commissaire à la tête de l'administration départementale par la retraite du citoyen An-

---

(1) Th. Silvestre, op. cit., p. 28. C'était aussi le moyen de sortir d'une impasse. Il faut se souvenir que Th. Silvestre était repoussé par Saint-Girons et par Foix.

(2) *Ibid.*, p. 38 et suiv. Après avoir fait un rapport au Gouvernement, Silvestre revint à la charge et le 24 avril il adressait une nouvelle demande d'enquête. Mais Crémieux résistait. En vain les journaux démocratiques s'obstinaient-ils. En vain, le 30 mai encore, la *Vraie République* et la *Réforme* demandaient-elles que l'on fît justice « d'une violation aussi brutale de la liberté de la presse ». La cause était entendue, l'enquête demandée ne fut pas accordée. « Une pétition couverte, assurait-on de nombreuses signatures, lavait Joffrès » de tout reproche. Le *Courrier français*, après avoir lancé l'accusation, se réservait maintenant et la réaction, qui suivit la journée du 15 mai, aiguillait l'action politique dans un autre sens.

(3) *Recueil des actes administratifs*, 1848, p. 94.

glade, je dois plus que jamais compter sur votre appui pour assurer le triomphe des principes qui nous sont communs.

« Ces principes ne sont puissants qu'avec le maintien de l'ordre. Vous le voulez, je le veux aussi.

« Citoyens, le courage ne me manque pas pour remplir ma tâche jusqu'au bout. Quelles que soient les difficultés de mon mandat, je saurai acquérir des titres à votre confiance ; et lorsque le moment sera venu de me séparer de vous, mon plus grand bonheur sera d'avoir mérité votre estime.

« Vive la République !

« Foix, le 6 avril 1848.

« Le Commissaire du Gouvernement,
« Victor PILHES. »

*
* *

En vain, le commissaire Pilhes promettait-il « d'user de toute son influence » contre le procureur de la République de Foix. Voici qu'à Paris où l'affaire avait fait grand bruit, on l'accusait, dans certains milieux, « de mollesse, de connivence avec les réactionnaires ». « Je viens, lui écrit Proudhon, dans une longue lettre datée du 13 avril, au milieu des dégoûts qui vous abreuvent, causer un peu avec vous, cela vous consolera. » Et Proudhon de montrer à son ami les fautes commises par le Gouvernement provisoire. « Nos gouvernants accusent tout le monde, dit-il, excepté eux-mêmes, de la situation déplorable où est le pays ». Et il montre le Gouvernement « formé de trois fractions hostiles, jalouses, également impuissantes, également despotiques » ; les hommes du *National* « marchant en sens contraire de la Révolution », prêts « à s'entendre avec l'ancienne opposition dynastique ». — Pilhes le savait bien ! —; les jacobins ou montagnards, les hommes de la *Réforme*, « les plus honnêtes gens, les plus dévoués, les plus énergiques ». « Malheureusement, ils ne comprennent pas leur siècle. Tout ce qu'ils pensent, disent ou exécutent est en commémoration de 93... On se dit partout : Ceci est de la dictature, cela est de la terreur, ce n'est pas la République... — la secte communiste qui en la personne de L. Blanc a fait presque tout le mal, — le parti Buchez et Bastide, les révolutionnaires mystiques qui ne vous donneront pas la guillotine sans confession ». « Quoi qu'on pense, affirmait Proudhon en terminant cette longue lettre et, quoi qu'on dise, soyez conciliant, mon cher Pilhes, prouvez que tout le monde est républicain, bornez-vous à maintenir la République ; excusez le Gouvernement provisoire de votre mieux et montrez en perspective l'Assemblée nationale qui régularisera tout. Mais irons-nous jusqu'à l'Assemblée nationale? Je vous embrasse. Proudhon » (1).

(1) Proudhon, *Corresp.*, t. II, p. 315 et suiv.

Telle est la politique proposée par Proudhon à Pilhes au moment où celui-ci se débat au milieu de grandes difficultés. Elle eût pu lui éviter, il faut le reconnaître, bien des froissements, bien des conflits.

Mais le commissaire de Ledru-Rollin était arrivé, on le sait, avec d'autres instructions, qui convenaient mieux d'ailleurs à son tempérament.

Les élections approchaient : Pilhes n'oublie pas qu'il a été envoyé dans l'Ariège en vue surtout de leur préparation. D'abord, il continue à épurer les municipalités, travail délicat et dangereux portant les marques d'une improvisation fâcheuse, d'une agitation nuisible, de contradictions regrettables.

Le 12 avril, à Auzat, lorsque le juge de paix de Vicdessos vient installer un nouveau maire, impossible d'obtenir « le sceau, les archives, les armes et autres objets appartenant à la commune » ; des cortèges tumultueux parcourent les rues au son du tambour, des cornes « et autres instruments » ; des coups de fusils sont tirés (1). Le même jour, lorsque se présente à Mijanès, au nom de Pilhes, le délégué chargé de faire une enquête en vue de la nomination des autorités municipales, des protestations,

____

(1) Pétition d'un groupe d'habitants d'Auzat, procès-verbal d'installation, 13 avril. *Arch. départ.* M^b 72.

des cris de mort s'élèvent. « *Cal que tout descendé* », s'écrie le président de la commission municipale provisoire (1). Effrayé, le délégué se retire en s'efforçant de ramener le calme. L'agitation s'étend, des pétitions affluent à la préfecture pour demander la destitution de municipalités. On accuse, dans les milieux modérés, Victor Pilhes de mettre les mairies aux enchères et de les livrer à ceux qui lui garantissent le plus grand nombre de suffrages.

Surtout, le commissaire de Ledru Rollin s'attache à modifier le personnel des juges de paix, appelés, de par la loi, à présider, au chef-lieu de canton, les opérations électorales. Le 10 avril, par arrêté, il suspend « un ennemi juré de la cause » le juge de paix des Cabannes « considérant que le gouvernement provisoire ne saurait accepter sans un grave danger pour la chose publique, le concours de fonctionnaires dont les opinions politiques sont en opposition avec le nouvel ordre de choses ». Et les exécutions se succèdent. Pilhes nomme ensuite les présidents des assemblées électorales en remplacement des juges de paix suspendus de leurs fonctions ; il suspend, mesure très grave, le citoyen Bretou, commissaire du gouvernement provisoire près le tribunal de Saint-Girons, candidat aux élections, l'un des chefs de l'opposition, très considéré à Foix dont il est ori-

(1) Ph. Morère, *La Révolution dans un pays forestier*, op. cit., p. 35.

ginaire. Le 13 avril, invoquant la « nécessité politique », il pourvoit au remplacement du commissaire de police de Foix (1).

Afin d'assurer le succès « de républicains connus et éprouvés », Pilhes pratique ouvertement la candidature officielle. Il faut dire qu'avant son arrivée, la politique ariégeoise avait été orientée dans ce sens. Un comité électoral composé de républicains de la veille avait été officiellement constitué : dès le 13 mars, il tenait séance à la Préfecture. C'est à lui que s'adressaient les comités d'arrondissement et de canton.

Pilhes conserva le comité et lui donna tout son appui. Par ses soins, furent imprimés, aux frais de l'État, 70.000 bulletins de vote (2). Ils portaient l'en-tête de la Préfecture avec la mention suivante : « *Liste des candidats à l'Assemblée Constituante, arrêtée par le Comité central républicain qui a son siège à la Préfecture et approuvée par le commissaire du gouvernement* » (3).

D'autre part, Pilhes « en vertu des pouvoirs qui lui étaient attribués », nomma des délégués chargés de se transporter dans les communes et de s'entendre

---

(1) *Ariégeois*, passim ; *Arch. départ.* Mᵗ 72, Pilhes à Intérieur, 17 avril, Sûreté générale à Pilhes, 22 avril ; maire de Foix au citoyen commissaire 14 avril.

(2) Rapport Ducos, *Moniteur*, 26 avril 1849. L'impression des bulletins coûta 700 francs.

(3) *Arch. départ.* Mᵗ 72 ; *Ariégeois* 11 avril.

avec les « maires et les instituteurs, dans le but d'éclairer le peuple et travailler à l'élection des représentants à l'Assemblée nationale dans le sens purement républicain ». Les maires étaient invités à « leur prêter leur concours et à leur fournir tous les renseignements nécessaires » (1).

On sait, d'un autre côté, que Pilhes, après la journée du 17 mars, avait songé à représenter son pays. Il venait un peu tard dans l'Ariège, les positions avaient été prises. Personne, fin mars, ne songeait à lui (2). Il ne figurait pas dans la liste, arrêtée le 24 mars par le *Comité central républicain de la préfecture*, au sein duquel il avait pourtant des amis (3).

Le 11 avril seulement, sa candidature était affichée et son nom paraissait sur la liste dressée par le Comité central. Il venait immédiatement après celui

(1) *Arch. départ.* M^{de} Elections. Arrêté du 12 avril. Furent ainsi délégués les citoyens Barrière Hippolyte, Raymond Noyez, Durandeau fils, Domenc fils, Louis Vergnies. Le citoyen Balança fut également désigné pour les communes des environs de Foix.
Dès le 13 mars, avant l'arrivée de Pilhes, une circulaire avait été adressée aux percepteurs pour les engager à éclairer les votes des citoyens. « Concertez-vous, était-il dit, avec tous les citoyens qui ont des rapports avec vous et assurez-vous de leur concours. » La circulaire avait été rédigée par le receveur général des finances avec l'approbation du commissaire du gouvernement. *Ibid.*

(2) *Arch. départ.*, M^b 72. Lettres du Dr Bonnans, président du comité du canton des Cabannes, 16 mars, 20 mars ; président du comité d'Ax, 24 mars ; président du comité de Saint-Girons, 25 mars.

(3) En particulier Delmas, président, Garrigou, son compatriote de Tarascon, et Ch. Noyez, ancien membre des sociétés secrètes. Anglade et Arnaud, le futur Arnaud de l'Ariège, figuraient déjà sur la liste.

d'Anglade, « ex-commissaire du gouvernement ». Sur la même liste, figurait Xavier Durrieu, dont la candidature également tardive avait été imposée par Ledru-Rollin (1).

Une lettre du ministre de l'Intérieur, apportée par Théophile Silvestre au commissaire Pilhes, présentait l'élection de Xavier Durrieu comme une nécessité. « Je vous entretiendrai une autre fois, disait Ledru-Rollin, en détail, d'une candidature que je recommande à tout votre patriotisme et à toute votre activité, celle du citoyen Xavier Durrieu. Il nous rend ici, et à moi en particulier, c'est-à-dire aux idées les plus avancées de la Révolution les services les plus signalés et les plus pratiquement utiles. *Il faut* qu'il réussisse, c'est vous en dire assez. A vous de cœur. LEDRU-ROLLIN ».

Le 11 avril, paraît la profession de foi de Victor Pilhes. Le commissaire du gouvernement rappelle avec fierté son passé républicain, son titre de « combattant de février », la bataille préparée « par tous les sacrifices possibles ». « Chacun peut savoir, dit-il, avec quelle abnégation j'ai participé à cette œuvre de propagande ». « Investi pour le moment d'un pouvoir officiel et provisoire », il est venu dans son département « pour continuer l'œuvre de la

---

(1) Le nom de Durrieu figure sur une liste sans date, dressée par le comité républicain, vraisemblablement entre le 24 mars et le 11 avril.

Révolution de Février ». « Jeune encore », il sent que sa tâche « n'est pas remplie ».

Républicain, il l'est « avec orgueil » et il montre « l'inanité des reproches adressés aux hommes de son parti, naguère traités de « buveurs de sang, de fous, d'utopistes ». Il rappelle le « triomphe du peuple sans excès, la peine de mort abolie aux acclamations de tous ».

Il déclare qu'il a en horreur « le communisme » et qu'il « repoussera au loin toute secte socialiste qui porte atteinte à la propriété et à la famille ». Mais son programme est largement démocratique, tout pénétré des aspirations populaires : « Jusqu'à ce jour, dit-il, le peuple n'a été pour les gouvernements qu'une masse passive et bonne à exploiter ; c'est là, que je le dise en passant, la vraie cause des révolutions. Par sa dernière victoire, ce n'est pas seulement une monarchie qu'il a renversé ; je suis convaincu qu'il a recouvré ses droits, et même aussi qu'il en fera un légitime usage par le développement régulier des institutions républicaines ». Et il signe : Le commissaire du gouvernement du département de l'Ariège, Victor PILHES (1).

De tous les candidats de la liste officielle, Pilhes est le plus discuté.

Le journal l'*Ariégeois* n'admet pas qu'on fasse valoir les titres politiques anciens. « Que signifient

(1) *Ariégeois*, 11 avril.

donc, s'écrie-t-il, ces mots qui tendent à diviser la France en deux camps, les républicains de la veille et ceux du lendemain ? » Et l'*Ariégeois* demande « la spontanéité et la liberté la plus absolue dans l'expression de la volonté publique » (1). *Le Comité électoral et populaire*, organe du parti modéré, accepte presque tous lés candidats, même ceux de la liste officielle. Seuls de cette liste, Victor Pilhes et Ch. Noyez, deux républicains de la veille, anciens conspirateurs, et Polydore Crubailhes, homme de lettres, dont la candidature paraît moins redoutable, sont écartés (2). Manœuvre habile qui devait attirer aux modérés ceux qu'effrayaient les sectateurs des Sociétés secrètes. Le passé de Pilhes n'était pas fait d'ailleurs pour rassurer les populations. « Ce jeune homme », comme on affectait de l'appeler, était discuté, manquait de prestige. On faisait même courir le bruit de sa révocation (3).

De graves incidents électoraux, provoqués par des querelles locales qui venaient s'ajouter aux conflits politiques, achevèrent d'ébranler la situation de Pilhes. A Tarascon, un électeur déchire le bulletin d'un citoyen de Saurat. Grand tumulte, le délinquant est pourchassé, menacé de mort. Les électeurs de Saurat, au nombre d'un millier refusent de voter,

(1) *Ariégeois*, 18 avril.
(2) Ibid , supp.
(3) *Gazette du Languedoc*, 22 avril.

se retirent en masse, non sans avoir molesté quelques habitants de Tarascon. Pilhes qui ne craint pas les responsabilités, dès le lendemain, accourt à Saurat. Mais la ville natale du commissaire est la cité adverse. Dès qu'elle apprend l'arrivée de Pilhes, la population de Saurat se porte à l'entrée du bourg, aux cris de : « Il faut le tuer ! il faut le tuer ! » Un forgeur, armé d'un fusil, parcourt les rangs, excite les colères. La gendarmerie est impuissante à disperser le rassemblement. Devant l'exaspération de ses administrés, le maire va au devant du commissaire et l'engage à rétrograder.

Ce fut plus grave à Oust, chef-lieu de canton de l'arrondissement de Saint-Girons. Il existait une rivalité séculaire entre Oust, le chef-lieu, et Seix, bourgade plus importante. D'autre part, Pilhes avait suspendu de ses fonctions un habitant de Seix, le juge de paix Pagès, neveu de l'ancien député, Pagès de l'Ariège. Les opérations électorales devaient être présidées par un nouveau juge, Despouy. Mais les ordres du commissaire du gouvernement provisoire furent contrecarrés par ceux du commissaire près le tribunal de Saint-Girons, Bretou, qui ne voulait admettre ni sa propre suspension, ni celle du juge Pagès. Bretou maintient Pagès dans ses fonctions et lui donne mission de présider aux opérations électorales.

La veille de l'élection, l'ex-juge Pagès, escorté de

quatre gendarmes, se présente à la mairie d'Oust pour régler le détail des opérations. Le maire refuse de lui prêter son concours. Le juge, malgré de nouvelles injonctions du commissaire Pilhes, qui viennent d'arriver à l'instant, dresse procès-verbal. Le lendemain ceux de Seix, mille personnes environ, arrivent, précédés de tambours, drapeaux déployés. Comme le vote traîne en longueur, les planches de la baraque construite en vue des élections, volent en éclats. Le président du bureau est bousculé, roué de coups. La malle qui sert d'urne est enlevée. Les tambours battent la générale. Et c'est un défilé de manifestants armés de bâtons, de tronçons de planches, de chaises, de débris de tables. Des pierres s'abattent sur les volets de la maison du maire, sur les vitraux de l'église. Triomphants, les habitants de Seix rentrent chez eux, emportant l'urne, signe de victoire. Pilhes, lorsqu'il apprend ces faits, s'indigne : il exprime le regret que le sous-commissaire de Saint-Girons ne se soit pas rendu lui-même à Oust pour calmer les esprits et rétablir l'ordre. Il demande que les vrais coupables « n'échappent point à l'action de la justice et des lois ». N'empêche que les modérés rejetèrent sur lui la responsabilité de l'affaire d'Oust et que cette agitation porta une grave atteinte à sa candidature en même temps qu'au prestige de son administration (1).

(1) *Arch. départ.*, M⁴ 9. Elections à l'Assemblée nationale, *Journal de Toulouse*, 28 avril, *Ariégeois*, 27 avril.

Pilhes combattu de tous côtés, rendu responsable des désordres qui accompagnent toute révolution, mal soutenu dans le Saint-Gironnais par son co-listier Arnaud de l'Ariège, ne fut point désigné pour représenter son pays. Un moment, il put se croire élu : avec ses 14.894 voix, il distançait une quarantaine de concurrents. Mais les suffrages de Seix et des environs firent pencher la balance en faveur d'un ingénieur originaire de la région, Galy-Cazalat. Pilhes obtenait une imposante majorité dans son canton, celui de Tarascon (1). Mais il obtenait peu de suffrages dans le Saint-Gironnais, dans la partie occidentale de la plaine de Pamiers et dans les cantons de Foix et de La Bastide-de-Sérou (2).

L'échec fut accueilli par des manifestations d'hostilité. Le jour du recensement des votes, affirme-t-on, « le blâme et les reproches volent sans cesse vers le commissaire du gouvernement ». « Il prend la parole pour faire une réclamation ». Un membre du bureau se lève et déclare que la réclamation n'est pas fondée. « Il la traite de ridicule et finit par dire

---

(1) Le *Journal de Toulouse* affirme que le bruit courut d'abord de l'élection de Pilhes. Sur l'attitude d'Arnaud à l'égard de Pilhes, cf. *Correspondance d'Arnaud de l'Ariège* que M. Pauly a bien voulu nous confier (en particulier les lettres de Bonzom). Arnaud et Pilhes furent, nous le verrons, en conflit en 1849 et plus tard, en maintes circonstances (v. Lettre de Pilhes à Anglade, 7 septembre 1870, en nos archives). Arnaud était un ami de Galy-Cazalat.

(2) 86 voix seulement dans le canton du Mas-d'Azil (arrond. de Pamiers), 153 dans celui de La Bastide-de-Sérou ; 639 dans le canton de Foix où Anglade obtenait 3.379 suffrages, Darnaud 8.014.

au commissaire que sa présence est contraire à la dignité de ses fonctions. » Le commissaire se retire, peut-être, ajoute-t-on, pour ne pas assister à une défaite qu'il prévoyait (1).

Le 28 avril au soir, grande réunion au théâtre de Foix. Le citoyen Font jeune, au nom du Club des intérêts du Peuple, dénonce les procédés employés par le commissaire et « témoigne » l'indignation dont « son âme est remplie », le citoyen Breton « flétrit énergiquement les démarches ténébreuses de l'intrigue et de la jalousie pour substituer aux députés élus des choix impopulaires (2) ». Le samedi 29 et le dimanche 30, continuent à Foix les réjouissances : le procureur Joffrès prononce un discours au pied de l'arbre de la liberté.

Pilhes sortait de la consultation électorale très diminué : certes, ses co-listiers les démocrates Anglade, Arnaud, Xavier Durrieu, Vignes étaient élus, mais Ch. Noyez, Polydore Crubailhes et lui-même, malgré une imposante minorité, étaient désavoués. D'autre part, les modérés Darnaud, Cassé, Galy-Cazalat devenaient représentants du peuple.

Dès lors Pilhes ne pouvait qu'adresser sa démission. C'est ce qu'il fit. Il remit à Anglade, partant pour Paris, une note à ce sujet. Il était entendu que,

(1) *Journal de Toulouse*, 18 mai.

(2) Ibid., 1ᵉʳ mai et *Ariégeois*, 27 avril ; ces deux journaux obéissent, presque toujours, aux mêmes inspirations.

« dans les huit jours », son successeur devait arriver. Quinze jours après, la démission est officiellement adressée au ministère de l'Intérieur et à la Commission exécutive. Pilhes la renouvelle trois fois (1).

(1) Pilhes, *Conférence*, op. cit., p. 5.

CHAPITRE VI

Pilhes, commissaire du Gouvernement provisoire.

Après les élections. — Les conflits.

Mais d'autres amertumes l'attendaient. Plus que jamais le ministre de la Justice fit preuve de mauvais vouloir à l'égard du commissaire de Ledru-Rollin. Par dépêche, il réintégra dans leurs fonctions les magistrats frappés par le commissaire du Gouvernement provisoire : l'on vit reparaître un Darnaud à la justice de paix de Lavelanet, E. Soulié à celle de Tarascon, Bretou à la tête du parquet de Saint-Girons (1).

De son côté, Joly, qui remplit à Toulouse les fonctions de commissaire général, réclame à Pilhes, avec une certaine brusquerie, les quatre cents chas-

(1) *Journal de Toulouse*, 24 et 27 avril, *Ariégeois*, 27 avril, 2 mai.

seurs à pied envoyés dans l'Ariège pour maintenir l'ordre. « Ces troupes, dit-il, appartiennent à la 10e division militaire qui n'avait rien à fournir au département de l'Ariège, relevant de la division de Perpignan ». « Je ne comprendrais pas, ajoute-t-il, qu'un prêt de troupes pût dégénérer en une question de pouvoirs plus ou moins étendus et que vous puissiez, en vertu de vos pouvoirs, vous croire autorisé à les retenir » et il menace d'en référer au ministre de la Guerre. En dehors des motifs militaires invoqués, on voit, dans ce langage, percer la mauvaise humeur à l'égard de l'Ariège qui n'a accordé à Joly qu'un chiffre minime de suffrages et du commissaire provisoire dont l'attitude a déplu (1).

En butte au mauvais vouloir de la bourgeoisie des villes, de la municipalité et de la garde nationale de Foix, Pilhes s'efforce d'avoir pour lui la police. Il procède lui-même à la nomination, à Foix, d'un agent en remplacement d'un autre. Protestation du maire qui invoque la loi municipale de 1832, les précédents, les raisons budgétaires. Le commissaire se plaint au Ministre de l'Intérieur de ce « que l'autorité locale... saisit toutes les occasions possibles pour susciter des embarras à l'autorité départemen-

(1) *Archiv. départ. Haute-Garonne*, 4 M 93. Correspondance du commissaire général Joly (3 mai et 6 mai). Joly n'avait obtenu dans l'Ariège que 3.711 suffrages, dont près de 2.000 dans le canton de Lavelanet, fief de Darnaud. On sait que Joly fut élu représentant de la Haute-Garonne, son fils représentant de l'Aude.

tale » et il sollicite une décision immédiate. Le Ministre « sans contester » au maire de Foix le droit de nommer les agents de police, considère que cette nomination a été faite en vertu des pleins pouvoirs attribués au commissaire (1).

Et cependant, dans les communes de l'Ariège, les conflits s'exaspèrent. Pilhes est amené à prendre des sanctions contre les maires qui, au point de vue électoral, ont trompé son attente, ou à donner satisfaction aux citoyens qui ont attendu jusqu'après les élections pour obtenir de nouveaux changements de municipalité (2). Les querelles s'avivent et bientôt le sang va couler.

Le 5 mai, le village de Suc, accroché au flanc des montagnes de Vicdessos, est le théâtre d'une bataille rangée. Au sein de cette population pastorale, les passions sont ardentes et les luttes personnelles aiguës. Ici deux citoyens briguent les fonctions de maire, ce sont Delpy Barbé et Delcurrou. Delpy était maire à l'avènement de la République. Il avait été

(1) Se rappeler que les pouvoirs illimités des commissaires prirent fin le 25 mai. Mais le ministre estime que cette décision ne pouvait être connue le 26 à Foix, date de la mesure prise par Pilhes.

(2) *Journal de Toulouse*, 18 mai. *Archiv. dép. Ariège*, M^h 72. Pétition des citoyens de Lassur demandant la dissolution de la municipalité, 8 mai. Un ami d'Anglade les avait priés d'ajourner la demande jusqu'après les élections. Des électeurs de Caychax demandent le remplacement de la municipalité (8 mai). A Prades, le 7 mai, le peuple s'est réuni sur la place publique et a destitué les autorités. On demande la consécration du nouveau maire, du nouvel adjoint (pétition au commissaire, 8 mai).

remplacé, le 7 avril, par le citoyen Delcurrou qui, disait-on, avait fait les plus belles promesses électorales. Or, le 1er mai, après les élections, le commissaire Pilhes se croyant trahi, à ce que l'on affirme, arguant du moins de la moralité de Delcurrou, rend l'écharpe à Delpy Barbé. Ce fut l'occasion d'une bataille rangée à coups de pierres et à coups de fusil : il y eut deux morts et cinq blessés. La lutte ne prit fin qu'à l'apparition du curé de la paroisse, accouru pour intercéder, au milieu des combattants.

A la première nouvelle de ces événements, Pilhes envoie à Suc 100 hommes de troupe. La justice se transporte sur les lieux et, le 8 mai, l'ex-maire Delcurrou et deux autres habitants de la commune étaient écroués aux prisons de Foix.

Cette affaire fit grand bruit : le 10 mai Pilhes en référait au ministre de l'Intérieur et rejetait la responsabilité « de ces malheurs » sur l'âpreté des haines locales. On ne manqua pas dans les journaux modérés d'incriminer le commissaire Pilhes et de rejeter sur lui « la responsabilité du sang des habitants de Suc » (1).

Désordres à Tarascon, quand il s'agit de réinstaller le juge de paix Soulié suspendu par Pilhes et rétabli par le gouvernement dans ses fonctions. Le

(1) *Ariégeois*, 9 mai ; *Archiv. départ.* M⁴ 72. Pilhes au ministre de l'Intérieur, 10 mai ; *Journal de Toulouse*, 8 mai. Suivant ce journal la fusillade aurait duré deux heures. Suc comptait 3.153 habitants.

juge de paix, muni d'une lettre du procureur de la République arrive, le 12 mai, pour prendre possession de son poste.

Immédiatement, le club de Tarascon, où les amis de Pilhes sont en nombre, s'oppose à son installation. Le prétoire est envahi, le juge accueilli aux cris de : « Nous ne voulons pas de vous, allez-vous en à Foix », est obligé de se retirer. Il écrit au commissaire Pilhes pour l'informer de ce qui est arrivé « dans sa ville natale » et demande des poursuites (1).

Les attaques redoublent, dans les milieux modérés, contre « le proconsul », rendu responsable de tous ces désordres. A cause de son passé, de son attitude présente, on le flétrit du nom de Pilhes-Pillard (2). On incrimine « la déplorable administration » de ce « jeune homme qui a fait son éducation politique dans les sociétés secrètes ». « Homme de cœur, dit le *Journal de Toulouse*, nous lui rendons cette justice, mais d'une intelligence qui n'a pas été cultivée et dénuée, par conséquent, des plus simples notions administratives. »

On lui reproche son manque de prestige, ses fré-

----

(1) *Archiv. départ.* M^b 72. Le juge de paix Soulié au commissaire, 12 et 13 mai. Les délinquants furent condamnés à 5 francs d'amende (*Ariégeois*, 6 juin). Les querelles locales, autant que les questions politiques, ont influé sur cette affaire.

(2) Abbé Nugent à Arnaud de l'Ariége, 22 juillet 1848 (papiers d'Arnaud) ; renseignement communiqué par Mme Ph. Delpy, de Vicdessos.

quentations, son entourage « d'hommes sans valeur, sans position »; on lui reproche d'ouvrir les portes de la préfecture à tout venant. On demande que « cet homme aille reprendre au plus tôt son calicot et ses échantillons ». Le bruit court qu'il fait au café d'assez longs séjours. C'est là, dit-on, que, fatigué d'attendre, va le chercher le maire de Montferrier. Des paroles violentes sont échangées entre maire et commissaire. Le maire est arrêté par les hommes de service de la préfecture, mais les autorités judiciaires et les menaces de quelques citoyens de Montferrier le font relâcher (1). La presse conservatrice et modérée de Foix et de Toulouse s'acharne contre le commissaire, qui n'a pas réussi d'ailleurs à créer, dans le pays, une feuille pour sa propre défense.

Le bruit court un moment qu'un coup de main est préparé pour expulser Pilhes de l'hôtel préfectoral. La situation est critique : la garde nationale est, en grande majorité, hostile, les troupes sont encore dispersées dans les cantons forestiers.

Mais, d'un autre côté, veillent autour de Pilhes d'ardentes sympathies. A Foix même, le *Club de la Jeunesse indépendante* surveille les menées des nouveaux « verdets ». Il y a souvent alerte. Les membres du club se rendent, drapeau en tête, devant la Pré-

(1) *Ariégeois*, 23 mai, *Journal de Toulouse*, 18 mai, 18 juin.

fecture. On se range dans la cour et l'on prête serment de verser son sang pour la République. L'appel est fait à l'arrivée et au départ (1).

*****

Tout est prétexte à manifestations pour ou contre le commissaire du Gouvernement provisoire.

La Fête de la Fraternité, célébrée à Foix le 14 mai, permet aux amis et aux adversaires de Pilhes de se mesurer.

On sait que le Gouvernement provisoire avait décidé de célébrer, au cours du mois de mai, une grande fête de « la République nouvelle » et de lui donner un « certain caractère de grandeur ». Conformément aux aspirations de cette époque, elle devait s'appeler la fête de la Fraternité. Toute la France devait la célébrer (2). A Foix, Pilhes en prépara minutieusement l'organisation pour le 14 mai. Il adressa de pressants appels à tous ses amis républicains : circulaires, lettres particulières, rien ne manqua. « Je compte sur vous, écrivait-il au maire

---

(1) Renseignements communiqués par M. Durandeau, ancien maire de Foix, témoin oculaire. M. Fauré, ingénieur en retraite, a bien voulu nous donner également sur Pilhes divers renseignements.

(2) Une première partie de la fête eut lieu à Paris le 20 avril, la deuxième partie qui devait être célébrée le 11 mai dût être renvoyée, en raison de la journée du 15 mai, au 21 mai. Vauthier : *Cérémonies et fêtes nationales sous la deuxième République* (*Révolution de 1848*, t. XVII, n° 88).

de Labastide-de-Sérou, pour me seconder dans mon œuvre : elle est toute de propagande fraternelle. » Et il n'oublie pas de faire connaître que toutes les mesures sont prises « pour que l'ordre règne ». Les maires furent chargés de recueillir les adhésions à un banquet démocratique qui devait avoir lieu vers quatre heures de l'après-midi, à la Préfecture. Pilhes escomptait la présence «d'environ 1000 citoyens» (1).

Bon nombre de communes répondirent à l'appel. L'on vit des citoyens parcourir 25 lieues à travers les montagnes, pour assister à la Fête. Dans la cour de la Préfecture, se trouvèrent réunis des hommes de toutes conditions : jeunes gens, vieillards, soldats, ouvriers. Au premier rang, les membres du *Club de la Jeunesse indépendante*. Pilhes était, dit emphatiquement un témoin le « but de tous les regards, de toutes les salutations, de tous les sourires ». Il apparut en triomphateur. Le banquet fini, il prit la parole du haut d'une tribune improvisée. Il affirma son intention de « laisser de côté les questions politiques qui soulèvent trop facilement les passions ». A peine, une courte allusion aux attaques qui l'assaillaient. « Pour moi, dit-il, fidèle à mes principes et à mes convictions, je ne chercherai pas à relever

---

(1) Lettre à Léon Lagarde, maire de La Bastide-de-Sérou (4 mai). Ce document nous a été communiqué par M. Joseph Ageorges qui l'a retrouvé dans les archives de la famille Bordes-Pagès. Lettre au maire de Varilhes (papiers 1848 non classés, archives municipales de Varilhes).

ici les calomnies qui ont voulu m'atteindre, je les laisserai tomber de leur propre impuissance ». Et il exalta la fraternité, en des termes particuliers à cette époque, mais qui durent toutefois surprendre les montagnards du pays de Foix. « Il y a déjà dix-huit siècles, s'écriait-il, qu'un homme apparut entre tous ; il voulut régénérer le monde. C'est lui qui le premier révéla à ses semblables ce noble sentiment : *nous sommes tous frères !* La fraternité fut donc la base de toute sa doctrine. Honneur et respect à cet homme du nom de Christ ! C'est à lui que nous devons la route nouvelle dans laquelle nous marchons ». Et Pilhes montre que, depuis, la fraternité n'a pas été réalisée et que « nous ne voyons parmi nous que douleurs et souffrances ». Pour amener le règne de la Fraternité, il faut que « les deux autres principes républicains liberté, égalité, ne souffrent aucune atteinte ». Du reste, « aucun système préconçu » ne peut trouver la solution. « Voilà pourquoi, dit-il, fidèle en cela à ses principes proudhoniens, je repousse toute secte en tenant compte à ses auteurs de leurs efforts et de leurs pures intentions ;... je crois donc pouvoir vous dire avec les penseurs de notre siècle : élaborons toutes les questions sociales, c'est-à-dire étudions tous les rapports que les hommes ont entr'eux ; éclairons-nous du flambeau de la justice, et nous parviendrons peu à peu à surmonter les obstacles qui s'opposent au bonheur de

tous... C'est ainsi, j'en suis convaincu, que la loi
d'union trouvera son application, la fraternité sera
une vérité... » (1).

Le discours fut écouté « avec attention ». L'enthousiasme ne se manifesta qu'à la fin. La péroraison fut
accueillie « par le cri unanime et plusieurs fois
répété de : « Vive le citoyen Pilhes ! » D'autres toasts
furent portés à l'instruction, à l'union des peuples,
à la France, à la démocratie, à l'armée, à la Révolution, aux ouvriers, à l'union de l'armée et du peuple,
à 1793, à 1848. Ils exprimaient tous une pensée har-
diment démocratique.

Au banquet succéda un bal dans les jardins illu-
minés de la Préfecture. Mais ce n'était pas un bal
« donné à une aristocratie élégante ». « Les chapeaux
de velours et de soie, se mêlaient aux modestes
bonnets des ouvrières ». Les jeunes filles de Foix
« dansaient, rieuses et folles », sur le gazon des jardins, dans les salons ouverts à tous. Pilhes, le héros
de la fête « agréable comme un jeune homme », dit
un témoin — il n'avait que trente-un ans — « digne
comme un magistrat » prenait part aux danses et
toutes, « ouvrières et dames n'aspiraient qu'à l'honneur de figurer au quadrille avec lui ».

Mais de graves dissentiments devaient troubler
cette fête de la « Fraternité ». La municipalité de

(1) *Ariégeois*, 16 mai. Le discours de Pilhes s'y trouve reproduit
in-extenso.

Foix, la garde nationale s'abstinrent d'y paraître, et ne manquèrent pas de manifester, à cette occasion, leur hostilité. Suivant le programme publié à l'avance, des salves d'artillerie devaient se faire entendre ; vers midi, vingt-un coups de canon devaient être tirés. Mais, dès le samedi soir, une partie de la garde nationale déclare qu'elle veut s'opposer à l'enlèvement des canons, rangés sur la place de la mairie ; le dimanche matin, les artilleurs soutenus par les gardes nationaux et leurs officiers refusent de livrer leurs pièces. Pour les leur enlever il faudrait soutenir un combat, répandre du sang. Le maire de Foix, par lettre adressée au capitaine de la garde nationale, défend de retirer les canons, propriété de la ville, de la place de la mairie. Si l'on croit devoir passer outre, il décline toute responsabilité. Copie de la lettre est adressée au commissaire du gouvernement. Pilhes persiste. Mais l'officier refuse d'exécuter ses ordres et de livrer les canons.

D'autre part, une contre-manifestation était organisée. Les adversaires du commissaire se réunissaient à Sainte-Hélène, aux portes de Foix, dans la propriété d'un des adjoints au maire et organisaient une fête, qu'annonçaient des salves d'artillerie.

Quelques jours après, dans une lettre virulente publiée par l'*Ariégeois*, le capitaine de la 1re compagnie de la garde nationale de Foix se glorifiait de n'avoir pas assisté au banquet de la Préfecture « ce

grotesque dîner », « ce dîner de la peur et de la mys-
tification ». Il attaquait Pilhes avec violence. Il flé-
trissait la conduite « du commissaire qui ne sait que
semer chez nous la haine et la discorde, qui escamote
les dépêches de Paris, qui est en tous points indigne
de diriger un département ». Il rejetait sur lui la
responsabilité des conflits sanglants d'Oust et de
Suc. Il l'accusait d'outrager, dans un discours officiel, les croyances d'un pays qu'il avait mission
d'administrer, et le menaçait, enfin, des foudres
ministérielles.

Le 21 mai, le Club des Intérêts du peuple, après
avoir entendu les explications du maire de Foix à
propos du banquet du 14 mai, votait, au milieu des
applaudissements « que la municipalité avait bien
mérité de la cité ». Lecture était faite de la lettre du
capitaine de la garde nationale : l'assemblée l'approuvait « par d'unanimes bravos ». Le même jour,
les femmes du quartier populaire de Lazéma réunies
en un banquet sur le plateau de Villote, portaient un
toast « à tous les représentants de l'Ariège » et en
particulier « à celui que nous connaissons le plus,
parce qu'il a longtemps habité parmi nous, au
citoyen Darnaud » (1).

Ce jour-là Pilhes était à Tarascon, sa ville natale :

(1) *Ariégeois*, 16 mai, 23 mai, 30 mai, 6 juin ; *archives départementales*, Mᵇ 72, copie de la lettre du maire de Foix au capitaine de
la garde nationale. Pilhes avait affecté d'ailleurs, à propos des
canons, de ne pas s'adresser directement au maire de Foix.

« en vertu de ses pleins pouvoirs », au milieu d'un grand concours de peuple, il installait la nouvelle municipalité. En l'honneur du commissaire du gouvernement, entouré de ses amis, s'organisait un long cortège d'hommes revêtus de leurs plus beaux habits, d'enfants coiffés du bonnet phrygien. Un bœuf tout entier, qu'on avait fait rôtir en le suspendant à deux arbres, fut servi sur les tables d'un grand banquet démocratique. C'était la réplique aux manifestations de Foix (1).

Ainsi allaient se multipliant les manifestations en sens divers.

(1) *Arch. munic.* Tarascon, registre des délibérations, 21 mai, Renseignements communiqués par MM. Auguste Aynié et G. Pagès, témoins oculaires.

CHAPITRE VII

Pilhes, commissaire du Gouvernement provisoire.

L'administration. — La question forestière. La contribution des 45 centimes.

Grandes furent, d'autre part, les difficultés que Pilhes rencontra sur le terrain économique et social. Au nombre de celles-ci se placent, au premier rang, la question forestière, la répartition et la perception de la contribution supplémentaire des quarante-cinq centimes.

Nous avons vu combien était intense l'agitation forestière à l'arrivée de Pilhes. On ne peut dire que, dans l'ensemble, elle ait augmenté. Mais les désordres se perpétuent. La forêt de Sem qui fournit les bois nécessaires à l'étançonnage des galeries de la minière du Rancié subit de désastreuses dévastations (1).

(1) *Arch. départ.* 5ᵏ 26. Arrêté du 23 mai.

Dans le Quérigut, où, dès le 16 mars, la justice informe, il n'y a plus de journées, de rassemblements en armes. Mais les paysans restent maîtres des forêts, les arbres tombent, les scieries fonctionnent nuit et jour (1). Fin avril, des malveillants mettent le feu à la forêt de Prayols, le 16 mai à la forêt de Brassac. Le jour des élections pour l'Assemblée nationale, après le vote, à Tarascon, les habitants de la commune de Gourbit et une grande partie des électeurs se livrent à une démonstration contre le garde général des forêts aux cris de : « Vive Pilhes ! » Ils parlent « de l'écharper et de la peau en garnir la caisse de leur tambour ». Rassemblement tumultueux sur le pont et les quais. On bat la générale. Garde nationale et troupes dispersent le rassemblement, accompagnent les séditieux jusqu'à un demi-kilomètre de la ville (2).

A Rabat, le pillage des bois du grand propriétaire Bergasse-Laziroules prend une nouvelle ampleur. Le 18 avril, les deux communes de Gourbit et de Rabat se ruent sur ces forêts. Les gardes sont attaqués, violentés, menacés de mort ; la gendarmerie, envoyée à leur aide, est repoussée à coups de fusil par des bandes armées. Le 25, les révoltés arrivent au pied des hautes cîmes des Trois-Seigneurs, au

(1) Ph. Morère, *La Révolution de 1848 dans un pays forestier*, op. cit., p. 34.

(2) *Journal de Toulouse* 9 mai, *Ariégeois* 23 mai, arch. départ. M⁴ 9, Elections, *proc.-verb. gendarm.* 23 avril.

cirque d'Embanels, que son éloignement semble
préserver de toute agitation révolutionnaire. Au
milieu du cirque, est bâtie une vaste métairie servant
à l'exploitation des dépaissances et à l'élevage d'une
vingtaine de chevaux. Les portes sont enfoncées,
la maison pillée, les pauvres meubles, les provisions
des colons, les fourrages volés ou détruits. On enlève
poutres, planches et ferrures (1). A Gourbit se renou-
vellent souvent des scènes de jacquerie : non contents
de participer au pillage des bois, des révoltés parlent
de chasser le curé de la paroisse et menacent le
maire (2).

Dans l'ensemble du département, l'agitation est
moins grande, moins générale qu'au mois de mars.
Mais le paysan de la haute Ariège, reste frémissant.
Il compte sur l'amnistie qui a été promise par la
commission départementale du gouvernement provisoire, il espère que de nouveaux mouvements
le libèreront de la surveillance des soldats, des menaces des magistrats, des représailles des juges. On
a l'impression, dans cette contrée reculée, que le
Gouvernement n'est pas encore « bien assis ». « Il
semble aux populasses *(sic)*, écrit le commandant de
la brigade de gendarmerie de Quérigut, qu'ils n'ont
encore fini le désordre. » « Ici, ajoute-t-il, le bruit
court qu'on se bat à Lyon » (23 avril). « Le mouve-

(1) *Ariégeois* 27 avril, 15 août (c. r. cour d'assises).
(2) Lettre du Dr Teulière à Pilhes, 10 mai. M[h] 72.

ment qui vient d'avoir lieu à Paris le 15 mai, écrit à son tour le juge de paix de la même région, a de nouveau enhardi les habitants de ce canton et principalement de Mijanès, plus turbulents » (1).

On perçoit encore le frémissement d'une population révoltée qui croit avoir combattu pour son droit et qui, en tout cas, voudrait échapper au châtiment. De toute façon subsiste l'état d'esprit révolutionnaire. Dans ces conditions, Pilhes, dont on connaît déjà les démêlés avec la bourgeoisie des villes, ne se pressa pas d'agir. Il admit parfois que, dans l'intérêt de la tranquillité publique et de la conservation des forêts, des citoyens fussent chargés par les habitants de garder, concurremment avec les gardes forestiers, les étendues boisées. Il alla jusqu'à investir des fonctions de garde des citoyens élus par les habitants des communes. Tel fut le cas pour les communes de Brassac, de Serres, de Pradières (2). Pilhes attendit surtout que le Gouvernement se fût prononcé sur la question de l'amnistie. L'amnistie refusée, il se déclara prêt à exiger, avec fermeté, l'obéissance aux lois. Le 8 mai, il adressait aux maires la circulaire suivante (3) :

(1) **Ph. Morère.** *La Révolution de 1848 dans un canton forestier,* op. cit. p. 35.

(2) *Arch. départ.,* 5ᵏ 26. Arrêtés, p. 13, 15 avril.

(3) *Ariégeois,* 30 mai.

« Citoyens maires,

« De nombreuses demandes ont été faites au Gouvernement dans le but de solliciter une amnistie générale pour les délits forestiers. Le citoyen Ministre des finances m'annonce que le Gouvernement eût été heureux de prendre l'initiative de cette mesure, mais qu'en présence des criminelles dévastations dont les forêts ont été l'objet dans diverses localités, il ne lui reste qu'un rigoureux devoir à remplir, c'est de ne pas laisser impunies de pareilles dévastations.

« Si donc l'attente d'une amnistie a pu faire croire à l'impunité, il devient urgent, citoyens Maires, que vous fassiez comprendre à vos administrés l'erreur dans laquelle ils se trouvent et que vous les informiez que l'intention du Gouvernement est de réprimer énergiquement ces atteintes qui compromettent d'une manière si grave la prospérité du pays en détruisant une de ses plus précieuses ressources.

« Le Gouvernement paternel de la République est cependant très disposé à accorder la remise des amendes encourues aux habitants des communes, qui, dans les circonstances présentes, auront donné et continueront à donner l'exemple de leur soumission aux lois qui protègent les forêts.

« En vous priant, citoyens Maires, de donner la plus grande publicité aux dispositions ci-dessus, je vous recommande expressément de faire connaître à tous vos administrés que, pour ma part, je suis décidé à user de tous les moyens que la loi me donne pour assurer la conservation des forêts, et à prendre toutes les mesures nécessaires pour protéger les agents de cette administration contre toute attaque.

« Salut et fraternité.

« Le commissaire du Gouvernement,
« Victor PILHES. »

Ce n'est pas sans protestations que fut accueillie cette circulaire. Le maire d'Ax, Authier, dans une lettre que publia l'*Ariégeois,* engagea les municipalités de l'Ariège à réclamer encore auprès du Gouvernement l'amnistie promise (1). Quoi qu'il en soit, tardivement et à contre-cœur semble-t-il, les mesures envisagées sont prises. Le 10 juin, les brigades de gendarmerie de Tarascon et de Saurat, accompagnées d'un détachement du 21e léger, sont chargées de faire des perquisitions domiciliaires dans les villages de Rabat et de Contra. Il s'agit de saisir le bois provenant des dévastations de la forêt appartenant à Bergasse et d'arrêter les coupables. On procède à l'arrestation de deux délinquants du hameau de Contra. Mais les habitants de Rabat se soulèvent pour délivrer les prisonniers. La force armée est assaillie à coups de pierres, à coups de fusil. Deux habitants sont blessés, l'un a le pied traversé par une balle.

(1) *Ariégeois,* 16 mai, lettre du 14 mai.

Pourtant les deux prisonniers sont emmenés et écroués à la prison de Foix (1).

Quelques jours après, le 15 juin, se présentaient dans le Quérigut, les gendarmes escortés d'un détachement du 15e léger : ils étaient chargés d'arrêter les chefs de l'agitation forestière (2). C'était le jour où Pilhes cessait ses fonctions.

**

Non moins angoissante fut, pour Pilhes, la levée de la contribution extraordinaire de 45 centimes, décrétée le 16 mars par le Gouvernement provisoire. Déjà, avant le départ d'Anglade, des protestations s'étaient fait entendre de divers côtés. Fin mars, dans un village du Castillonnais, à Argein, un rassemblement tumultueux s'était formé la nuit : la foule, massée sur la place du village, devant la maison du percepteur, avait manifesté à grands cris sa volonté de ne point payer l'impôt (3). En présence de cet état d'esprit, Anglade avait autorisé le receveur général à surseoir provisoirement à toutes les poursuites contre les contribuables retardataires ;

(1) *Ibid.*, 13 juin.
(2) *La Révolution dans un pays forestier*, op. cit., p. 36.
(3) *Arch. départ.*, Pb 28. Maire d'Argein à s.-préfet, 31 mars ; s.-commiss. Saint-Girons à préfet, 1er avril. A l'occasion des élections générales, les électeurs du canton d'Ax manifesteront avec violence contre le maintien des droits d'octroi. *Ariégeois*, 2 mai.

en outre, invoquant la misère des populations montagnardes, il avait demandé au ministre des finances que la rentrée de la contribution extraordinaire fût effectuée par douzième, comme pour tous les autres impôts (1).

A l'arrivée de Pilhes, la situation s'est aggravée. Le Gouvernement provisoire, afin de faire accepter la mesure par les masses populaires, venait, par décret du 5 avril, de prescrire le dégrèvement des contribuables hors d'état de payer la contribution extraordinaire. Les difficultés d'application se trouvaient, de ce fait, considérablement accrues.

Pilhes n'approuvait certes pas la contribution nouvelle, qu'il considérait comme néfaste aux intérêts de la République. Mais il se mit en devoir de faire respecter la mesure gouvernementale. Se conformant aux prescriptions ministérielles, il enjoignit aux maires « sous peine de révocation de faire lire et publier dans leurs communes à son de trompe ou de caisse deux fois par jour, pendant une semaine au moins », le décret du 5 avril. Compte-rendu de l'effet produit devait lui être adressé (2).

Ce fut une avalanche de protestations (3). De tous

(1) Ibid. Anglade au Ministère des finances, 3 avril.

(2) Bulletin des actes administratifs du département, 10 avril.

(3) Engraviès 30 avril, Rimont 7 mai, Esplas 11 mai, Villeneuve-d'Olmes 12 mai, Larbont 23 mai, Cazavet 25 avril, Massat 27 avril, Bestiac 13 avril, Vaychis 25 mai, Leychert 20 mai, Montaillou 21 mai, Ascou 15 mai, etc. *Archiv. départ.*, Pb 28.

côtés, on invoquait les « mauvaises années », les récoltes « nulles », l'altitude des villages, la grêle, les grandes neiges, au besoin les avalanches, le manque presque absolu de pommes de terre, le seigle pourri dans le sol, les pertes en bétail à la suite d'épidémies, le manque de fourrage, les dépenses engagées : ici la contribution extraordinaire pour les réparations de l'église et du presbytère, ailleurs la reconstruction et l'agrandissement du cimetière (1), l'augmentation des patentes (2). Massat invoque l'achat de forêts et de montagnes et le vote de la contribution de 25 centimes par franc pour y subvenir (3). Ailleurs, assure-t-on, c'est le travail qui manque. Bélesta se plaint de « la cessation du commerce dans les diverses branches du commerce du bois », Lavelanet déclare « que plusieurs fabricants ont été forcés de renvoyer une partie de leurs ouvriers faute d'espèces » et fait prévoir la fermeture des usines. Des communes rurales, Freychenet, Viviès sont, affirment-elles, « obligées de demander du travail au dehors ». Dans bien des endroits, tous les habitants « se rattachent à la classe pauvre ». Bédeilhac rappelle ses emprunts hypothécaires ; à Larbont les riches possèdent, dit-on, les deux tiers de la commune ; à Castéras, M. de Marveille excepté,

(1) Ibid. Castelnau-Durban, 29 avril, Esplas, 30 avril.
(2) Ibid. Esplas.
(3) Ibid. Massat, 1ᵉʳ avril.

le plus fort propriétaire ne paie que 27 francs de contributions. L'Hospitalet fait appel aux souvenirs du commissaire : « Etant du même arrondissement, vous avez ouï dire avec vérité que la commune la plus misérable du royaume était celle de l'Hospitalet. » (1).

C'est pourquoi l'on demande soit de supprimer la contribution nouvelle, soit d'en ajourner la perception « à des temps meilleurs ». Plusieurs localités mettant en cause la légitimité de la mesure, demandent que l'impôt des 45 centimes soit voté « par la Chambre nationale », qu'avant de l'exiger « on laisse établir le Gouvernement républicain » (2). Montferrier, pour faire preuve de patriotisme, promet de s'acquitter en donnant à l'Etat 50 arbres d'une valeur de 8 à 900 francs, les citoyens de l'Hospitalet se disent prêts à mettre tout au moins « au service de la République, la force de leurs bras ».

En maintes communes, répartiteurs et maires, pour ne point se faire d'ennemis, refusent de dresser l'état de dégrèvement exigé par le décret du 5 avril. A la fin du mois, 50 communes de l'arrondissement de Foix, 61 de l'arrondissement de Saint-Girons n'ont pas établi de liste. Dans l'arrondissement de Pamiers, une quinzaine de communes, la plupart du canton de Varilhes, ont seules répondu à l'appel.

(1) Ibid. L'Hospitalet, 29 avril.
(2) Ibid. Sorgeat, 14 mai, Besset, 22 mai.

Dans plusieurs localités des menaces sont proférées à l'égard de ceux « qui viendraient pour faire des recouvrements ».

Pourquoi ces plaintes, ces résistances ? Il est certain que les populations de l'Ariège sont misérables et qu'après les années de disette qui marquèrent la fin de la monarchie de Juillet, elles sont, en général, incapables d'un nouvel effort financier. Pilhes lui-même fait observer au ministre des finances que la plupart des habitants des communes rurales sont dans l' « impossibilité absolue de s'imposer de nouveaux sacrifices ». Mais il n'en est pas moins certain que beaucoup, comme il est d'usage en pareil cas, exagèrent leur détresse.

Le sous-commissaire de Pamiers affirme que la résistance est dûe à « l'état de surexcitation qui a suivi la révolution », à l'esprit de parti ou de coterie « qui cherche tout prétexte d'opposition ». Mais la véritable raison, Pilhes et les sous-commissaires sont d'accord sur ce point, c'est que les maires craignent de se rendre impopulaires en donnant la liste des contribuables dégrevés. Ils préfèrent dès lors déclarer « que tous les habitants doivent être portés sur l'état des cotes irrecouvrables ».

Pilhes lui-même n'agit que stimulé par les instructions ministérielles, par les lettres du receveur général du département.

Après les élections générales, le ministre des

finances exige que le paiement des quarante-cinq centimes soit poursuivi avec rigueur. Le 4 mai, il engage les commissaires à prêter aux receveurs des finances le concours de leur autorité.

Dès le 29 avril, le receveur général des finances de l'Ariège prie Pilhes de donner à tous les maires des instructions pour que le travail soit amorcé le 4 mai au plus tard. Pilhes demande la liste des récalcitrants et adresse aux maires d'amicales objurgations (10 mai). La circulaire du commissaire du Gouvernement ne satisfait qu'à demi le receveur qui assure qu'il n'y a pas à se préoccuper de l'approbation ou de la désapprobation des officiers municipaux (11 mai).

Quelques jours après, annonçant de nouveaux refus, ce dernier demande des « mesures exceptionnelles » (14 mai). Il devient de plus en plus pressant (17 mai), déclare qu'il faut « avoir raison » de cette résistance.

Pilhes en réfère au ministre des finances, affirme qu'il n'y a qu'un moyen d'en finir avec le mauvais vouloir des maires, c'est de faire dresser l'état de dégrèvement par les percepteurs seuls « en mesure de connaître la position exacte de tous les contribuables de leur ressort » (19 mai). Pendant ce temps, le receveur général·faisant connaître de nouveaux refus, les soumet à l'appréciation du commissaire, lui montre le cas que font les maires de « ses prescriptions ».

Arrive la nouvelle que l'Assemblée nationale a sanctionné le décret du 16 mars. Il s'agit de donner immédiatement à cette sanction la plus grande publicité, d'engager de nouveau et, de la manière la plus pressante, les maires et les répartiteurs à prêter leur concours aux percepteurs.

Toute négligence, toute faiblesse doivent disparaître. Une circulaire plus impérative encore est adressée aux receveurs généraux (26 mai). Dès lors, dans une proclamation aux « citoyens ariégeois », Pilhes déclare que « la République aura certainement la fermeté nécessaire pour faire exécuter les lois contre les malveillants ». Le receveur général de son côté propose de prendre une mesure hardie : c'est d'adjoindre au percepteur un citoyen « pris de préférence dans la classe la plus pauvre, la plus intéressée à être dégrevée » et il adresse au commissaire du Gouvernement un projet d'arrêté dans ce sens. Pilhes s'exécute et, sans en référer au ministre, fait publier l'arrêté (10 juin). Approuvant cette décision dans son ensemble, le ministre décide que des délégués seront chargés de pourvoir à la confection des rôles.

Grâce à ces mesures, un mois après, il ne restait que 64 états à dresser, soit 28 pour l'arrondissement de Foix, 27 pour celui de Saint-Girons, 9 pour celui de Pamiers. La résistance se poursuivit encore pendant quelques mois et des plaintes se firent entendre encore au cours de l'année 1849. Lorsque Pilhes quitta le département, l'impulsion définitive avait été donnée (1).

Certes, en ce qui concerne la levée des 45 centimes, le commissaire du Gouvernement manqua de conviction et l'initiative vint rarement de lui. Mais il serait injuste de faire peser sur Pilhes seul, comme cherchait à le faire un de ses successeurs, la responsabilité des retards et des atermoiements.

**

Au fond, ce que poursuit avant tout Pilhes c'est une politique nettement démocratique. Nous l'avons vu — et on lui en faisait un reproche — entouré de gens du peuple, de gens « sans position », comme on disait, s'associant aux manifestations populaires, ouvrant à tous les salons de la préfecture, dansant avec les ouvrières.

Il exige que place soit faite aux républicains de la veille, aux démocrates éprouvés. C'est ainsi que lorsqu'il s'agit de nommer un commissaire de police à Pamiers, Pilhes s'obstine à présenter en première ligne le citoyen Loubes, cordonnier, presque illettré. Mais le candidat, ancien membre des Sociétés secrè-

---

(1) *Arch. départ.* Pb 28. Correspondance avec les ministres, corresp. avec le receveur général, Bulletin des actes administratifs.

tes, est « sincèrement dévoué à la cause républicaine » et cela suffit (1).

C'est avec joie que l'ardent commissaire fait connaître les mesures démocratiques prises par le Gouvernement provisoire. Annonçant la suppression de l'impôt du sel, il estime « que les populations de l'Ariège trouveront dans cet acte, si vivement désiré, un nouveau motif d'attachement et de reconnaissance pour un gouvernement, véritable ami du peuple, et dont tous les instants sont consacrés à réparer les injustices des gouvernements qui l'ont précédé » (2).

Dans une même pensée démocratique, il ne voyait pas d'inconvénient à ce que les gardes forestiers fussent élus par les citoyens des communes, et à propos de la levée de l'impôt des 45 centimes, il ne manquait pas de signaler l'état misérable des populations, de plaider leur cause.

Ainsi jusqu'au dernier jour de son administration, avec une énergie obstinée, Pilhes continuait à s'appuyer sur l'élément populaire et s'efforçait d'imposer un personnel recruté dans la petite phalange des républicains de la veille.

Il ne faudrait pourtant pas se représenter Pilhes comme un révolutionnaire cherchant à faire préva-

(1) *Arch. départ.* M^h 72. Loubes « au préfet de la République », 31 mai ; Ministre intérieur à commissaire, 8 juin ; commissaire à Intérieur, 15 juin.

(2) Ibid., *Bull. Actes adm.*, 1848, 19 avril.

loir, en toute occasion, ses conceptions personnelles. Certes, son passé, ses actes postérieurs, tout montre qu'il eût désiré aller au-delà de la politique du Gouvernement provisoire et, plus tard, de l'Assemblée nationale. Mais il s'efforça de maintenir l'ordre légal. Nous avons vu quelle fut son attitude à propos de la levée de la contribution des 45 centimes, de l'agitation forestière. Pour mettre un terme aux désordres qui règnent depuis la Révolution aux mines de Rancié, par arrêté du 11 avril, il enjoint aux jurats de dresser des procès-verbaux « contre les mineurs ou muletiers qui troubleraient le bon ordre sur la place des mines ». Les jurats sont également invités à signaler les mineurs et muletiers « qui se montreraient les plus insubordonnés, afin qu'il puisse être pris contre eux les mesures de rigueur qu'ils auront encourues » (1). Lors de l'attentat du 15 mai contre l'Assemblée, Victor Pilhes en publiant la dépêche du ministre de l'Intérieur, adressait, le 16 mai, à ses compatriotes de l'Ariège, l'appel suivant :

« A mes compatriotes de l'Ariège,

« Je remplis mon devoir en vous communiquant cette dépêche télégraphique et en vous adressant aussi quelques mots.

« Ami de l'ordre avant tout, je dois en appeler

_____

(1) *Arch. départ.* 5 K²⁵, arrêté du 17 avril ; Ph. Morère, *L'Ariège avant le régime démocratique. Les mineurs de Rancié.* La Révolution de 1848, t. XI.

encore à vos sympathies et à votre concours pour assurer la tranquillité dans notre département.

« C'est ainsi que nous donnerons à la République toutes les garanties de dévouement qu'elle a droit d'attendre de notre patriotisme.

« Le Commissaire du Gouvernement dans l'Ariège,

« Victor PILHES. »

On sent, dans ces paroles, le ton de la résignation, et on est bien loin d'y retrouver les accents de triomphe que feront entendre à ce sujet, quelques jours après, le conseil municipal de Foix, la garde nationale, le *Club des Intérêts du peuple* (1).

**

Depuis longtemps on annonçait la fin de la mission de Pilhes. Délégué spécialement par Ledru-Rollin, le combattant de février était venu dans l'Ariège surtout pour préparer les élections. Les élections avaient paru donner tort au commissaire du Gouvernement provisoire. Pilhes, nous l'avons vu, avait, à plusieurs reprises, offert sa démission. Ses adversaires demandaient sa révocation et, au besoin, l'annonçaient. Ils eussent souhaité du moins que l'on adjoignît au jeune administrateur une sorte de commission de contrôle. Au milieu du mois de mai, alors que la

(1) *Ariégeois*, 23 mai.

lutte était ardente entre Pilhes et ses adversaires, l'on vit arriver à Foix, avec les pouvoirs de commissaire extraordinaire, le citoyen Jeanot, rédacteur de l'*Emancipation*, homme de confiance de Joly et déjà chargé une première fois de mission dans l'Ariège. On était persuadé qu'il venait installer une commission. Les Fuxéens, garde nationale en tête, se portèrent au-devant de lui et lui firent une bruyante ovation. Le commissaire général commença par demander au maire le maintien de l'ordre ; il promit, d'autre part, satisfaction. Mais au bout de vingt-quatre heures de séjour, Jeanot disparaissait (1).

Le 7 juin seulement, les pouvoirs étaient retirés à Pilhes. Le ministre de l'Intérieur Recurt lui adressait la dépêche suivante :

« Paris, 7 juin 1848.

« Citoyen Commissaire,

« Vous avez accepté des fonctions importantes et difficiles au moment où la République soudainement proclamée, devait saisir sur tous les points à la fois, le gouvernement du pays.

« Le dévouement qui vous guidait alors a inspiré tous les actes de votre administration, et vous avez usé du pouvoir extraordinaire et dictatorial de manière à mériter la reconnaissance du Gouvernement,

---

(1) *Journal de Toulouse*, 18 mai. Jeanot porta un moment le titre de commissaire général de l'Aude et de l'Ariège. *Première lettre aux citoyens du département*, op. cit. p. 24.

comme celle du département qui vous a été confié.

« En appelant le citoyen Hocdé (1) à l'administration de ce département, le Gouvernement n'entend pas renoncer aux services qu'un citoyen tel que vous peut et doit rendre à la patrie. Il compte, au premier appel, retrouver en vous le même dévouement et les mêmes mérites. Je serai heureux, pour ma part, d'en rencontrer l'occasion prochaine.

« Salut et fraternité.

> « Le Ministre de l'Intérieur : RECURT.
> « Le Sous-Secrétaire d'État : CARTERET (2). »

A travers la phraséologie officielle, on voit que Pilhes pouvait, malgré tout, compter sur l'appui du ministre Recurt. Quoi qu'il en soit, Pilhes ne voulut pas s'adapter aux nouvelles tendances du gouvernement ni prendre part à la « curée », « au prix d'une trahison » à l'égard des principes qui avaient provoqué, d'après lui, l'avènement de la République.

Il se retira quelque temps à Tarascon, dans sa famille. On le vit reparaître à la préfecture dans des circonstances assez étranges.

Le préfet Hocdé venait d'être révoqué : on apprit en même temps les graves nouvelles de Paris, l'insurrection de juin.

(1) Un ami d'Arnaud de l'Ariège. *(Papiers d'Arnaud de l'Ariège. Lettres d'Hocdé à Arnaud.)*

(2) *Conférence politique par le citoyen Victor Pilhes*, op. cit. pp. 5-6.

Le 25 juin, la municipalité modérée de Foix, pour prévenir un coup de main de la part des républicains avancés, fit installer un poste de gardes nationaux à la préfecture et se mit en mesure de nommer une commission provisoire. Pilhes se présenta : il avait gardé une chambre à l'hôtel de la préfecture ; il demanda qu'on le laissât entrer pour aller prendre ses effets. Il dut rédiger une demande en bonne forme et ne put rentrer dans sa chambre qu'après bien des tergiversations et sous bonne escorte. Quelques jours après on dut reconnaître que c'était « pour empêcher Pilhes et les siens de rentrer à la préfecture qu'avait eu lieu le déploiement de forces (1).

Pilhes était parti, désenchanté, de la préfecture de l'Ariège. « J'étais venu, dit-il, dans mon pays, plein d'ardeur et d'espérance. Je croyais que mon dévouement était suffisant pour assurer à tout jamais le triomphe de la République véritable pour laquelle nous avions tous depuis si longtemps combattu. Je ne tardai pas à m'apercevoir, vous le savez, que je m'étais trompé (2). »

Pilhes certes, commit des fautes : administrateur

(1) *Ariégeois*, 27 juin, 30 juin, 11 juillet, 18 juillet, 25 juillet.
(2) *Première lettre à mes amis*, op. cit.

improvisé, plein d'illusions, il manqua souvent de prestige et d'à propos.

Mais c'est sur lui que furent rejetées toutes les responsabilités de la crise qui suivit la Révolution. On l'accusa d'avoir semé les divisions dans le pays. « Notre département, déclare l'*Ariégeois* au moment où Pilhes quittait la préfecture, ne voyait qu'avec peine les dissensions qui divisaient les habitants. » Mais les divisions existaient avant Pilhes, nous l'avons vu, et elles devaient se perpétuer après lui. En vain les préfets qui lui succèdent Hocdé, Bauguel font-ils appel à la conciliation, les luttes politiques continuent, ardentes, dans le pays d'Ariège, entre les républicains de la veille et ceux du lendemain.

Pilhes se vit reprocher, d'autre part, avec acrimonie, l'agitation forestière, les désordres qui troublaient les communes. « Le département, dit encore l'*Ariégeois*, a vu avec douleur les attentats aux propriétés qui ont signalé quelques cantons, il a eu à déplorer quelques collisions et il aurait applaudi à la répression énergique et persévérante de ces désordres (1). »

« Depuis le 23 février, écrivait le 9 septembre 1848 le préfet de l'Ariège au ministre de l'Intérieur, ce pays n'a été ni gouverné, ni administré. Les divers commissaires qui se sont succédé, M. Pilhes surtout, le dernier d'entr'eux, ont voulu d'abord se faire

(1) *Ariégeois*, 20 juin.

élire représentants. Peu leur importaient les moyens d'atteindre ce but. » Pilhes et les autres commissaires sont accusés d'avoir « poussé à la dévastation des forêts en exagérant, auprès des populations, les rigueurs des codes forestiers (1). »

Il est certain que Pilhes n'était pas pour la manière forte à l'égard des paysans affolés par les rigueurs du code. Il dénonçait publiquement, au cours de la conférence qu'il fit à Foix en juillet 1848, « l'erreur coupable de nos bourgeois » toujours prêts à maintenir l'ordre « par la poudre et les balles ». C'est pourquoi il employa aussi peu que possible la force et se contenta de maintenir les détachements de troupes sur les points les plus exposés. Ce n'est qu'au moment de son départ que commence vraiment la répression. Il eût été plus difficile sans doute d'arrêter le mouvement en pleine crise révolutionnaire, avec des moyens d'action réduits. Pourquoi ne pas reconnaître d'ailleurs que le mouvement forestier avait atteint, avant l'arrivée de Pilhes, sa plus grande ampleur, qu'il ne fut pas particulier à l'Ariège, et que, lui parti, il ne devait pas s'éteindre de sitôt ? (2). En ce qui concerne la levée des 45 centimes, tout au plus peut-on incri-

(1) *Arch. départ.*, Pb 28. Préfet à ministre, 9 sept. 1848.

(2) L'agitation forestière se perpétua : les gardes forestiers ne furent en grande partie rétablis dans leurs fonctions qu'en juillet 1848 ; les émeutiers du Quérigut ne furent arrêtés qu'en octobre ; d'autres désordres éclatèrent en 1849.

miner son manque d'initiative, mais non sa bonne volonté.

Avec plus de raison peut-être est-il permis de reprocher au commissaire de Ledru-Rollin les désordres qui accompagnèrent dans certaines communes les changements de municipalité. Encore faudrait-il tenir compte, dans ce pays, de l'intensité des haines locales, des passions politiques, qui, même en temps normal, rendent le geste prompt et les violences fréquentes (1).

D'autre part, la gestion financière de Pilhes donna lieu à de vives critiques. Le rapport Ducos, qui examina en 1849 avec si peu de bienveillance les actes du Gouvernement provisoire, ne manque pas d'incriminer les dépenses engagées par le commissaire de Ledru-Rollin.

Pilhes avait touché une indemnité de 40 francs par jour, comme ses collègues, sans compter les 3/12 du fonds d'abonnement de la préfecture. Il avait en outre puisé aux fonds secrets les sommes suivantes : 500 francs au départ de Paris pour le voyage et frais divers ; 700 francs pour impression de 70.000 bulletins de candidats aux élections, « désignés par le comité électoral de la préfecture » ; 600 francs pour impressions diverses destinées à agir sur l'esprit

____

(1) Des rixes sanglantes ont parfois accompagné les opérations électorales dans quelques localités de l'Ariège, à une époque postérieure.

public ; 458 fr. 40 pour remboursement de frais de poste ; 1041 fr. 60 pour dépenses extraordinaires de toute nature.

« De pareilles dépenses, affirme le rapport Ducos, surtout celles de 700 francs pour impression de 70.000 bulletins électoraux et de 600 francs pour agir sur l'esprit public sont réprouvées par votre commission. Nous les considérons comme une atteinte portée à l'indépendance électorale. Elles ne devaient jamais être admises par le ministre de l'Intérieur ; aussi, blâmant la décision en vertu de laquelle elles ont été acceptées, nous demandons qu'il ne soit alloué que 458 fr. 40 de frais de poste. »

On va plus loin : on voudrait que Pilhes remboursât la somme de 1000 francs qui a été versée par le gouvernement à l'ancien préfet de l'Ariège Fleury, pour l'indemniser des frais d'abonnement faits par lui. Il est, en effet, de règle que les préfets liquident entre eux les dépenses effectuées sur les fonds d'abonnement (1).

A tout cela, que répond Pilhes ? Il invoque « les dépenses fortuites, inattendues et nécessaires toujours en faveur des institutions républicaines qu'il fallait fonder et défendre pied à pied ». Tout particulièrement les 1041 fr. 60 « de dépenses extraordinaires de toute nature », « furent employés pour se

____

(1) Rapports Ducos, *Moniteur* 26 avril 1849, 26 janvier 1851.

défendre contre une avalanche d'attaques furieuses, de basses jalousies, de rancunes haineuses, de menaces avec commencement d'exécution : et tout cela sans l'appui d'une force régulière quelconque, sans organisation républicaine, sans autre défense que mon sang-froid habituel, mon calme de tous les instants, le concours empressé des républicains vigilants et actifs ». Pilhes était encore à la préfecture lorsqu'une première dépêche avait apporté l'approbation du ministre de l'Intérieur Recurt pour la somme de 1758 fr. 40. Une nouvelle dépêche avait fait connaître que la somme de 1041 fr. 60, pour laquelle, déclare Pilhes « je ne pouvais, ni ne devais fournir de justification d'emploi », était couverte par les fonds secrets.

Quant à l'affaire du préfet Fleury, l'ancien commissaire du Gouvernement provisoire donne des précisions. Il n'a pas reçu, au sujet du fonds d'abonnement, la moindre réclamation du préfet de Louis Philippe et surtout il n'est pas le successeur direct de ce préfet. Avant lui, en effet, le pouvoir a été détenu successivement par la commission départementale, par Darnaud et par Anglade. « Pour ce qui me regarde, je le répète, dit-il, personne ne m'a présenté le moindre compte ; à mon tour, je n'en ai présenté aucun à mon successeur... A qui donc la faute si M. Fleury a surpris la confiance aveugle d'un ministre et s'il a fait ordonnancer en sa faveur une somme de 1000 francs ? » (1).

Il semble qu'on doive plutôt incriminer les conceptions administratives de Pilhes que sa probité personnelle. On doit reconnaître d'ailleurs que les dépenses qui furent l'objet d'un blâme étaient minimes, et, qu'en définitive, les circonstances étaient exceptionnelles.

En somme Pilhes avait entrepris d'administrer l'Ariège avec des méthodes révolutionnaires en s'appuyant sur la petite phalange de républicains de la veille. Il apportait dans l'administration du département les procédés en honneur dans les sociétés secrètes. Il arriva, le cœur plein d'illusions, croyant que les services rendus à la cause de la Révolution, que son dévouement étaient suffisants pour assurer à tout jamais le triomphe de la République nouvelle.

Il effraya la bourgeoisie des villes sans pouvoir ramener l'ordre dans les campagnes. Il eut à se défendre contre « une avalanche d'attaques furieuses, de rancunes haineuses, de menaces avec commencement d'exécution ». L'appui du Gouvernement, sur-

(1) Le *Travailleur* de la Haute-Garonne, de l'Ariège et du Midi, 22 juillet 1851, Pilhes à Anglade.

tout, lui fit défaut : il ne put compter ni sur le commissaire général Joly, ni sur le ministre de la Justice Crémieux. Point d'organisation républicaine, point de force régulière pour l'appuyer. Au contraire, à Foix, la garde nationale, hostile.

Mais son courage, sa franchise, sa droiture, reconnus même par ses adversaires (1) lui valurent de chaudes sympathies, « le concours empressé des républicains vigilants et actifs ». Certes, Pilhes échoua dans sa mission : il ne put grouper autour de lui qu'une ardente minorité. Mais l'active et énergique propagande qu'il avait menée en faveur de l'idée démocratique ne semble pas avoir été inutile. En 1849, en effet, les élections pour l'Assemblée législative amenèrent le triomphe de Pilhes et des Montagnards.

(1) *Ariégeois*, 11 avril. Le *Journal de Toulouse* qui attaqua si souvent Pilhes reconnaît qu'il était « un homme de cœur », 2 mai.

CHAPITRE VIII

Du Commissariat à l'Assemblée législative

Pilhes s'était retiré, nous l'avons vu, à Tarascon. Il continuait à se tenir en rapports avec les éléments avancés du chef-lieu. Au cours d'une de ses séances, le *Club de la République démocratique* lui adressait « ses fraternelles sympathies ». Et lorsque ce club eut décidé d'organiser des conférences en vue « d'éclairer le peuple sur la situation actuelle », il ne manqua pas de faire appel à l'ancien commissaire du Gouvernement provisoire. Devant une réunion populaire, tenue à Foix en juillet 1848, quelques jours avant les élections municipales, Pilhes prit la parole. Il commença par expliquer son passé, dans quelles conditions il était devenu commissaire de la République, comment il avait quitté l'hôtel de la préfecture. Il exposa successivement les principaux bouleversements politiques depuis 1789, l'état des partis sous Louis-Philippe, fit le procès des intrigants, de la « ligue des trafiquants, fléau continuel de notre malheureuse Ariège ». Il prit vivement à partie les chefs des modérés, leurs frères et amis. Après avoir critiqué les divers systèmes socialistes et, d'autre part, blâmé « l'erreur coupable de nos bourgeois gouvernants, toujours portés à ne se maintenir que par la poudre et les balles », il exposa l'idéal proudhonien, la politique basée sur la science sociale, « seule capable de garantir à tous le travail ». La parole de Pilhes eut à Foix peu d'écho. La liste présentée par le Club de la République démocratique n'obtint qu'une moyenne de 80 voix contre 700 (1).

*
* *

Au cours du mois d'octobre, Pilhes quittait son pays pour rentrer à Paris. En mars 1849, il adressait une série de lettres « à ses amis et concitoyens de l'Ariège » auxquels il restait uni, disait-il, par les liens « de la religion républicaine » (2). Il était revenu dans la capitale, « préoccupé, assurait-il, des devoirs que lui imposaient ses convictions ». « A

(1) Pilhes, *Conférence*, op. cit., p. 1, *Ariégeois*, 1ᵉʳ août.

(2) Imprimerie Boulé : *A mes amis et à mes concitoyens de l'Ariège* (mars 1849). Il existe une variante de cette lettre : *A mon ami Delmas aîné et à mes concitoyens de l'Ariège*. Elle est datée du 1ᵉʳ mars). Pilhes s'y adresse plus particulièrement à Delmas aîné, aux deux frères Mercadier, à Pujol, à Galy, alors chefs du parti avancé. *Deuxième lettre à mon ami Delmas et à mes concitoyens de l'Ariège*, 15 mars 1849, imprimerie Boulé.

Paris, ajoutait l'ancien commissaire, je suis englouti, pour ainsi dire, dans le tourbillon des idées, des passions révolutionnaires qui, à tout instant, tiennent les véritables hommes de cœur en éveil, tous à leur poste, prêts à défendre la République..... A mon arrivée, c'était encore sous le règne d'un sabre dictatorial (1) ; la capitale m'apparut sombre, triste, silencieuse... Le peuple était en deuil. La victoire de février avait reçu une terrible atteinte. La souveraineté du peuple était désormais foulée aux pieds. La République n'était plus qu'un mot, ou plutôt plus rien, comme nous pouvons le voir aujourd'hui. Les ennemis du peuple, les partisans de la royauté, vaincus en février, avaient tous relevé la tête ». Dans la réunion « des monarchiens de la rue de Poitiers » se tramaient « les menées les plus coupables contre la République ». C'est de « ce repaire d'exploiteurs » « que partaient toutes les inspirations réactionnaires, toute la direction gouvernementale ». C'est dans ce conciliabule que s'est ourdie « la fameuse conspiration du 29 janvier dernier » (2).

Ainsi se sont développées les menées royalistes « pour déconsidérer la République » : le peuple conduit en juin dans la rue « pour accomplir son

(1) Il s'agit du gouvernement de Cavaignac.

(2) Il s'agit des mesures que le Gouvernement prit contre les meneurs de la garde mobile et contre la *Solidarité républicaine*, association qui comptait dans son sein les représentants les plus actifs de la Montagne.

suicide », « l'injuste impôt de 45 centimes inventé et maintenu. » Et ces mêmes hommes, « après une longue conspiration d'une année, ont déchiré le voile et, par une audace incroyable, ont osé mettre à jour leurs criminels projets ».

A l'extérieur, Pilhes constate avec amertume que la France a abandonné la politique d'affranchissement des peuples et renié la tradition révolutionnaire. « Les peuples, nos frères, qui, à notre exemple, se lèvent pour leur indépendance, sont lâchement abandonnés par nous. La Pologne, la première, achève d'expirer sous les étreintes de son tyran, l'empereur de Russie. Il y a vingt ans déjà que le bourreau décime tous ses enfants. Et cependant les Polonais ont été nos frères d'armes sur les champs de bataille..... Les ministres de Louis-Philippe sont devenus les ministres de la République. La chose est claire, la politique de ce lâche *Crésus* doit être continuée, et la République doit ainsi se couvrir de la même honte.

« L'Allemagne, d'un bout à l'autre, à la proclamation de la République française, se soulève contre la domination des grands ; elle compte sur notre concours généreux ; l'abandon lui est acquis en partage de nos fraternelles sympathies.

Ferdinand, le vieillard décrépit de l'Autriche, fait impunément une boucherie des citoyens de sa capitale ; le gouvernement français l'encourage par le silence et par ses lâchetés diplomatiques.....

L'Italie, notre sœur la plus proche, a entendu nos chants de la République. Elle a hâte de briser les fers qui la tiennent enchaînée... Tous ses divers Etats tendent à l'unité. Chez eux, comme chez nous, règnent les mêmes idées d'indépendance, et nous avons la douleur de voir le gouvernement de la République française méconnaître au-delà des Alpes une République qu'on peut dire enfantée par la nôtre..... et à Toulon le départ d'une flotte se prépare. Ce sont les enfants de la France qui, par une alliance avec les oppresseurs des peuples, vont étouffer la liberté romaine.

Voilà l'œuvre des ministres Falloux, républicain jésuite, Odilon Barrot, Léon Faucher, bourgeois imbéciles..... »

Il est facile de retrouver ici l'exaltation, l'âme vibrante du *Montagnard* de 1849, du combattant décidé à prendre les armes contre toute tentative de réaction.

*
* *

D'un autre côté, Pilhes, dans ses lettres ampoulées, à la manière de son temps, manifeste l'intérêt qu'il porte à la démocratie ariégeoise : « Loin de vous avoir oublié, dit-il à ses amis, vous avez été tous l'objet de mes constantes préoccupations. Un seul jour ne s'est pas écoulé sans que mon pays ne fût présent à ma mémoire. » Mais dans ses souvenirs, ses ennemis, c'est-à-dire « les ennemis du peuple, les partisans du privilège », occupent, dit-il, « le premier rang ». « Ce sont ceux-là qui, nuit et jour, affligent mon cœur. » Il promet de suivre pas à pas « cette fameuse coterie d'intrigants, qui, depuis trop longtemps, trafiquent impunément de notre pays en exploitant la bonne foi de nos campagnes », cet ennemi « d'autant plus dangereux qu'il affecte une noble mansuétude, d'autant plus dangereux qu'il obsède son monde par des poignées de main empressées, d'autant plus dangereux que les promesses de places et d'argent sont nombreuses et d'une générosité sans exemple ». Ils viennent dans le village « prêcher Machiavel, surprendre la bonne foi du paysan... » qu'ils rendent ainsi « méfiant et pendard, prêt à user de représailles..... »

Et Pilhes souhaite de libérer le peuple d'Ariège de ceux qui exploitent son ignorance politique comme de ceux qui, par leurs opérations usuraires, rendent précaire son existence (1). Il espère que « la lumière se fera un jour pour tous ». Et reprenant le vocabulaire révolutionnaire, il souhaite « que les travailleurs des champs » se rapprochent « des travailleurs des villes, leurs frères ». « Des travailleurs eux-

(1) Pilhes revient souvent sur ces accusations d'usure. Cf. *Conférence*, op. cit., p. 20. Il incrimine tout particulièrement une banque hypothécaire soutenue, affirme-t-il, par des influences politiques.

mêmes dépend le succès de leur cause. Bientôt ils auront reconnu qu'ils sont les serfs du capital et qu'ils doivent affranchir leur travail de sa désastreuse domination. Déjà l'idée perce de toute part, la dernière période de l'affranchissement s'avance, le règne des usuriers a atteint ses dernières limites ; c'est au peuple à décider s'il veut désormais travailler et vivre libre ou bien mourir esclave ». Et il parle « des 25 millions de prolétaires qui sont la source de toutes les richesses sociales, mais qui sont regardés par quelques milliers de privilégiés comme des bêtes de somme, dont le travail est leur légitime profit ». Quant à lui, le voilà toujours à son poste, toujours « en éveil », prêt à défendre la République dans les clubs ou dans la rue, « à lutter face à face avec les juifs exploiteurs », plus appliqué « à combattre qu'à aimer ».

A la Commission des 25, qui a remplacé l'ancien Comité démocrate-socialiste et qui exerce une grande action sur la presse et sur la Montagne, il attaque les tièdes ou les compromis. C'est ainsi que Joly l'ancien commissaire général de la région toulousaine, mis en cause par lui est tenu de s'expliquer (1).

On retrouve Pilhes, rue de Beaune, aux bureaux de la *Démocratie pacifique,* où se réunissent les

____

(1) Sur le rôle de Pilhes dans ce comité, cf. *Haute-Cour de Versailles*, déposition Hodé, *Moniteur* p. 3378.

délégués de la presse démocratique et partout où se rencontrent les républicains de la Montagne.

Un moment le bruit court dans l'Ariège qu'il a été incarcéré. Il s'empresse de rassurer ses amis. « La prison, dit-il, je ne la crains pas. Si jamais la persécution me force à en supporter les chaînes, avec toutes les tortures qu'un homme libre y éprouve, ce ne sera qu'avec bonheur que je payerai ce tribut à la sainte cause que je défends ». On retrouve ici l'exaltation, l'ardent courage du prosélyte qui, plus tard, bravera la prison, l'exil et le bagne (1).

****

Les élections à l'Assemblée législative allaient donner un nouveau mandat officiel à Pilhes, lui assurer dans l'Ariège une sorte de revanche politique. Son énergie, la loyauté de son attitude, la fermeté de ses convictions démocratiques, lui avaient malgré tout acquis de vives sympathies. D'un autre côté, la répression sévère, après son départ, des délits forestiers avait détaché du parti de l'ordre la population des montagnes, en particulier celle de l'arrondissement de Foix. En vain le parti de l'ordre fit-il, dans l'Ariège, un grand effort. Un comité central électoral comprenant le président du conseil

(1) Il est facile de reconnaître dans ces lettres la manière de Pilhes. « La douleur broie mon cœur », dit-il à la fin de la deuxième

général, des conseillers généraux, des maires, des délégués des arrondissements avait été constitué. Le but à poursuivre c'était, disait-on, de faire « triompher les principes qui ont toujours prévalu dans l'élection du 10 décembre » (1) et de recueillir « toutes les nuances du parti modéré ». Un autre comité présidé par Saturnin Vidal, chef des partis de droite, émanation des comités cantonaux et d'arrondissement, se proposait de « défendre les principes éternels de toute société : la religion, la famille, la propriété », de préconiser l'union d'où « était sorti le gouvernement réparateur du 10 décembre ».

Pour avoir plus d'influence, les deux comités fusionnent, sûrs de marcher ainsi « droit et ferme à la conquête définitive de l'ordre et de la paix publique ». D'un autre côté, les républicains constitutionnels s'organisent ; ils fondent le *Comité central des Amis de la Constitution* pour défendre « la loi éternelle de l'ordre » et proclamer « que la République doit être le gouvernement de tous par tous, c'est-à-dire l'avènement de tous les citoyens à la direction des affaires politiques et doit répudier toute espèce de monopole ». Ces républicains constitutionnels admettent, à côté de candidatures plus modérées, celles d'Anglade, d'Arnaud, de Xavier Durrieu, mais ils écartent, cela va sans dire, Pilhes,

____

(1) Élection du prince Louis-Napoléon à la présidence de la République.

le républicain de la veille. C'est le maire de Foix qui inspire ce comité, dont le principal but semble être, au fond, d'attaquer la candidature de l'ex-commissaire du Gouvernement provisoire (1). Pilhes a donc à combattre à la fois les partis de droite et les républicains modérés. Mais le Comité de l'ordre s'est aliéné les masses populaires, et le comité constitutionnel a peu d'action.

Pilhes était décidé à ne ménager ni les uns ni les autres : il avait fait imprimer une troisième lettre dans laquelle il attaquait avec violence Joly, Darnaud, Joffrès, Bretou et leurs amis. Arnaud de l'Ariège lui-même était pris à partie (2).

Cette fois Pilhes fut élu le quatrième sur six avec 18.691 voix sur 45.357 votants. Il avait obtenu peu de suffrages dans l'arrondissement de Saint-Girons et dans les cantons de la haute montagne, Vicdessos et Quérigut. Mais il arrivait le deuxième dans les cantons de Tarascon, de Lavelanet (milieu ouvrier), de Varilhes, le troisième dans ceux de Foix (il n'avait

(1) *Ariégeois*, 7, 14, 28 avril, 5 mai.

(2) Quelques exemplaires de cette lettre avaient paru à Foix, le 5 mai. Ce document fut-il répandu dans le reste du département ? Nous ne pouvons l'affirmer. Bonzom, ami et confident d'Arnaud de l'Ariège, s'en était procuré difficilement un exemplaire. Dans une lettre adressée à Arnaud et datée de Foix (2 mai) il signale ce document et en donne une brève analyse. *(Papiers Arnaud de l'Ariège.)*

obtenu ici, en 1848, qu'une infime minorité), de Pamiers, des Cabannes (1).

*
* *

Le nouvel élu ne devait faire qu'une courte apparition à la Législative du 26 mai au 13 juin. La validation de ses pouvoirs donna lieu à un incident. Le frère du représentant de l'Ariège, Aristide, se trouvait dans l'état-major de Garibaldi, alors en conflit, aux environs de Rome, avec les troupes françaises. Un député interpelle le rapporteur et demande si Victor Pilhes n'était pas « celui qui avait pris part aux derniers événements de Rome ». La gauche proteste, Pilhes se lève et répond fièrement : « ... Le citoyen Pilhes, qui est à Rome, est mon frère cadet, animé des mêmes sentiments que moi pour la cause populaire. » (2) *(Applaudissements à gauche.)*

« Le citoyen Pilhes, qui est en ce moment à la tribune, est le citoyen Victor Pilhes, l'ex-commissaire de Ledru-Rollin, qu'on a calomnié. » *(A gauche : très bien, très bien.)*

(1) Elections de 1849. Résultats officiels, *Arch. départ.*, Mᵈ 10. Le premier élu, Anglade, obtenait 34.907 voix, mais il distançait de beaucoup ses co-listiers. Le dernier élu, Vignes, obtenait 16.198 voix. Pour être élu, il fallait réunir 9.648 suffrages (le 1/8).

(2) Aristide Pilhes se défendit plus tard d'avoir combattu les Français. « Je prouverai, écrivait-il, le 9 décembre 1849, à la *Voix du Peuple*, (n° du 16 décembre 1849), si jamais il en est besoin, que non seulement je ne me suis pas battu à Rome contre les Français, mais même que je n'ai jamais eu de grade officiel dans l'armée romaine. »

Le 29 mai, quand vient la discussion de l'élection de M. de Falloux, Pilhes cherche à prendre sa revanche. « Je demande, dit-il à son tour, si le citoyen de Falloux qui a été nommé dans le département du Maine-et-Loire est le même qui se trouvait à Rome portant la soutane *[Rires approbatifs à gauche]*, est le même qui se trouvait à Rome portant la soutane et combattant dans le camp des Autrichiens. » La gauche approuve. Et Falloux de répondre en grand seigneur : « Il était tellement naturel pour l'honorable préopinant de s'assurer de mon identité auprès de moi-même, que je suis étonné qu'il n'ait pas commencé par là.

Voix à gauche. — On ne l'a pas fait pour lui.

De Falloux. — Je suppose donc que l'Assemblée n'attend pas de réponse de moi et quant à lui j'aurai l'honneur de lui répondre de mon passé quand cela pourra lui faire plaisir. »

Il est curieux de constater que la question romaine, qui vient, dès le début, d'amener Pilhes à la tribune, l'entraînera avant peu dans l'affaire du 13 juin et occasionnera la perte de son mandat.

D'autre part, le représentant de l'Ariège ne peut supporter qu'on incrimine le Gouvernement provisoire, et, avec un zèle intempestif, il défend l'œuvre des commissaires de Ledru-Rollin. Au cours de la discussion relative aux élections de l'Yonne, le ministre de l'Intérieur Léon Faucher, tout en défendant sa propre politique, incrimine celle du Gouvernement provisoire, flétrit « la propagande immorale, violente, scandaleuse, dont le pays entier a rougi », cite un passage de la circulaire Ledru-Rollin disant que le gouvernement ne peut se réduire à enregistrer des procès-verbaux et à compter des voix, que l'on marcherait vers l'anarchie « si les portes de l'Assemblée nationale étaient ouvertes à des hommes d'une moralité et d'un républicanisme équivoques ». — « C'est ainsi, s'écrie Pilhes, que les commissaires ont sauvé la France de l'anarchie ! » Affirmation maladroite et qui ne pouvait manquer de provoquer les moqueries de la majorité conservatrice de l'Assemblée. Mais elle dénotait chez Pilhes le besoin de défendre en toute circonstance, contre la droite, l'œuvre des républicains de la veille (1).

Le représentant de l'Ariège restait, d'ailleurs, l'homme des coups de main, prêt à prendre part à toutes les manifestations. Il habitait alors rue de Calais, nº 11, un appartement au premier étage, sur la cour. Dans cet intérieur de parfait révolutionnaire, se trouvait, affirme-t-on, armes ou panoplie, une étrange collection : un fusil de chasse double, une carabine de guerre avec baïonnette, un sabre-poignard d'infanterie de ligne, un sabre de cavalerie, trois couteaux-poignards « de différentes forme et grandeur », un poignard ou espèce de couteau

____

(1) *Moniteur*, 1849, pp. 1928, 1931, 2011. Le député Ceyras, ancien commissaire, vint à la rescousse.

de boucher ou charcutier avec gaine de métal (1).

Pilhes fréquentait les réunions de la Montagne : rue de Beaune, les bureaux de la *Démocratie pacifique* où se réunissaient les délégués de la presse démocratique ; rue du Hasard, 6, où, après les travaux parlementaires, se tenaient les conciliabules des représentants du parti avancé. Il s'associait à toutes les manifestations de l'extrême gauche de l'Assemblée. Fidèle à la doctrine de l'émancipation des peuples, il signait, le 10 juin, avec ses collègues de l'Ariège Pons-Tande, Rouaix et Vignes, l'adresse des cent-vingt-un représentants en faveur de la Révolution allemande, intitulée : *La Montagne à la Démocratie allemande.* « Frères, disaient les signataires, au signal donné par notre révolution sociale de février, l'Allemagne s'est ébranlée. Mûre pour les idées nouvelles, elle s'est levée contre les despotes ; elle a revendiqué les droits si longtemps méconnus de la souveraineté populaire. A vous, frères ! nos sympathies les plus vives, nos vœux les plus ardents ! Allemagne et France pour la paix et le bonheur de l'humanité ! » (2).

(1) Procès-verbal de perquisition. Il faut évidemment se défier des dépositions de la police. Mais, pour ce qui concerne Pilhes, un exemplaire du compte-rendu officiel du procès que nous avons pu retrouver à Aulus (Ariège) annoté par l'intéressé, nous a permis de rétablir les faits. *Haute-Cour de justice*, affaire du 13 juin 1849. Imp. nat. 1849 ; cf. *Moniteur*, 1849, p. 2906 et suiv.

(2) *Moniteur*, 1849, p. 3101. Cette adresse avait été publiée par la *Vraie République*, le *Peuple*, la *Démocratie pacifique*.

CHAPITRE IX

Pilhes et la journée du 13 juin

Cet ardent démocrate, ce professionnel des journées révolutionnaires ne pouvait manquer de prendre part à la journée du 13 juin. Le but poursuivi par les amis de Ledru-Rollin était-il, comme on l'a prétendu, de déchaîner l'insurrection, de renverser le prince-président, de transformer la Montagne en Convention ? S'agissait-il simplement d'une manifestation grossie à dessein par le Gouvernement désireux d'en finir avec l'élément démocratique ? Les opinions les plus diverses ont été, à ce sujet, soutenues (1). Quoi qu'il en soit, Pilhes devait participer à cette journée « avec tout l'élan que donne une forte conviction ».

En attaquant la République romaine, le prince Louis-Napoléon avait, suivant les démocrates, violé

____

(1) R. de Felice. *La journée du 13 juin 1849 à Paris*. Bulletin Soc. Hist. 1848, juillet-août 1908 et suiv.

la Constitution. Le 3 juin, le général Oudinot assaillait les troupes républicaines aux portes de Rome ; le 11, Ledru-Rollin déposait, au nom de la Montagne, un acte d'accusation contre le Ministère. Au nombre des signataires de ce document se retrouvaient encore Pilhes et ses trois collègues les plus avancés de l'Ariège Pons-Tande, Vignes et Rouaix (1). A la tribune Ledru-Rollin s'écriait : « La Constitution a été violée, nous la défendrons par tous les moyens possibles, même par les armes. » Le 12, paraissait une proclamation de la Montagne au peuple, à l'armée, à la garde nationale. Nous retrouvons encore au bas de ce document le nom de Pilhes. Si ce dernier n'a pas effectivement apposé lui-même sa signature, du moins ne craindra-t-il pas d'approuver pleinement l'initiative de ses collègues qui l'ont associé à cette manifestation (2). Le même jour, la demande de mise en accusation était repoussée par la majorité de l'Assemblée. Restait le recours au peuple : celui-ci, conformément à l'article 110 de la Constitution, pouvait, affirmait-on, revendiquer le maintien des garanties constitutionnelles.

Les membres de la Montagne avaient convenu de se réunir dans les bureaux de la *Démocratie pacifique*

(1) « Je déclare, dit Pilhes, avoir apposé ma signature à la dite demande. » Interrogat. 27 juillet. *Moniteur*, p. 3412.

(2) Pilhes déclare qu'il n'a pas apposé sa signature, mais qu'il a donné son approbation au manifeste (interrogatoire du 27 juillet).

pour prendre les mesures nécessaires. Là se rendirent également les membres de la commission des Vingt-cinq, les membres du Comité de la presse, quelques anciens délégués du Luxembourg, le délégué de la Société des Amis de la Constitution. Pilhes était présent. Il était en train de parler lorsque entra le représentant Pflieger. Le représentant de l'Ariège paraissait très ému. Avant la fin de la séance, il se retirait (1). Au cours de cette réunion fut rédigé, dans ses grandes lignes, l'appel au peuple. On convint d'y apposer les noms des 121 signataires de l'adresse à la démocratie allemande. C'est ainsi que celui de Pilhes reparut au bas de cette nouvelle proclamation (2).

La Montagne affirmait que le Président de la République et les ministres en faisant la guerre sans l'avis de l'Assemblée et en portant atteinte à la liberté du peuple romain, avaient doublement violé la Constitution. Le 13, ce manifeste était publié par la *Vraie République*, le *Peuple*, la *Tribune des Peuples*, la *Révolution démocratique et sociale*, la *Réforme*, la *Démocratie pacifique*.

---

(1) Acte d'accusation et interrogatoire du 27 juillet. « A l'Assemblée il avait été convenu que nous nous rendrions dans les bureaux de la *Démocratie pacifique*. Je suis allé à cette réunion, mais j'y suis resté fort peu de temps. » Cf. *dépos*. Nasse, commissaire de police, *Moniteur*, p. 3324 et réquisitoire, p. 3576. « L'accusé Pilhes a eu la franchise d'avouer » qu'il assistait à la réunion.

(2) « J'ai signé le manifeste adressé au peuple français, je veux dire par là que je lui ai donné mon approbation. » Acte d'accusation et interrogatoire du 27 juillet.

Pilhes, que son tempérament ardent poussait, en toute circonstance, aux manifestations tumultueuses, approuvait-il au fond l'appel à l'insurrection ? Son ami Proudhon déconseillait le mouvement et le représentant de l'Ariège savait, de ce côté, à quoi s'en tenir. Il n'était resté que peu de temps, la veille, à la réunion de la *Démocratie pacifique* et il avait paru très ému. Le 13 au matin, il ne donne pas signe de vie, il n'assiste pas à la réunion du Palais-Royal, pas plus qu'à la réunion des représentants, 6, rue du Hasard, où sont prises les dernières décisions (1) et, quoi qu'on ait dit (2), ne participe pas aux manifestations de la matinée. Peut-être ne partageait-il pas l'avis de ses collègues concernant le plan d'opérations.

(1) Pilhes se réserve de dire, pour sa défense, comment il a passé la matinée. « Des témoins, dit-il, viendront constater l'emploi de mon temps. » On l'accuse tout d'abord d'avoir assisté, le matin, à la réunion de la rue du Hasard. Pilhes s'en défend. En marge de l'acte d'accusation, il inscrit ce démenti : « Ce n'est pas le matin mais bien à 2 heures de l'après-midi. » *Haute-Cour de Versailles, compterendu officiel annoté par Pilhes;* interrogatoire du 13 juin, *Moniteur* 1849, p. 3412.

(2) Déposition du policier Jacquemot. Pilhes répond : « Je nie formellement avoir été à la manifestation, je ne le nie pas pour éviter une culpabilité quelconque, loin de là, si j'avais été à la manifestation je le dirais, en toute franchise et très loyalement. Mais je n'étais pas à la manifestation. » En marge de l'acte d'accusation, à propos de la déposition Jacquemot, Pilhes écrit d'ailleurs : « Rien de cela n'est vrai. » Cf. déposition Toussenel, qui a assisté à la manifestation (favorable) : « Certainement, si l'accusé Pilhes avait été à la tête de la manifestation, je l'aurais parfaitement remarqué », p. 3163. Le procureur, dans son réquisitoire, abandonne d'ailleurs cette accusation : il reconnaît en outre que Pilhes n'a assisté à aucune des réunions du matin. *Moniteur*, p. 3576.

***

Quoi qu'il en soit, le 13 juin, dès 9 heures et demie du matin, des groupes se forment sur le boulevard. Vers midi, la manifestation est en marche, « ouvriers en veste et en blouse, jeunes gens des écoles », gardes nationaux en uniforme mais sans armes, femmes et enfants, environ 6.000 personnes. Un policier croit reconnaître Pilhes en tête des manifestants, entre la porte Saint-Denis et la porte Saint-Martin : « un grand et beau garçon », habit jaquette de forme nouvelle, chapeau noir, col rabattu. Mais il est avéré que Pilhes n'assistait pas au défilé. La manifestation d'ailleurs est coupée en deux par les troupes de Changarnier et refoulée en tous sens.

On vient dire aux représentants siégeant en permanence, rue du Hasard, que le peuple est repoussé, sabré. Vers 1 heure, les Montagnards descendent dans la rue : ils ne tardent pas à être réduits à chercher un asile ; sous la protection de la garde nationale, ils se mettent en marche vers le Conservatoire des Arts et Métiers, voisin des quartiers républicains. A « deux heures passées », Pilhes se présente rue du Hasard. On lui apprend, dit-il, que « la réunion » est maintenant au Conservatoire des Arts et Métiers,

Il prend de suite cette direction (1). Chemin faisant, il rencontre les débris de la manifestation au bout du faubourg Poissonnière (2). Ses collègues sont déjà installés au Conservatoire sous la protection d'artilleurs de la garde nationale. Un capitaine de cette formation, posté devant la grille avec un faible détachement à moitié armé, empêche les éléments étrangers de pénétrer dans la cour (3). Les représentants et leurs amis, indécis, s'installent dans une salle de dessin, dite salle des Filatures. Que faire ? Pas de délibération en commun ; des conversations s'échangent dans les groupes. Les uns écrivent à leurs commettants, les autres rédigent un projet de proclamation. Comme signatures, on reproduit celles qui figurent au bas de la mise en accusation du Prince-Président. Bon nombre de ceux qui sont en ce moment au Conservatoire ignorent l'existence de cet appel aux armes (4). Quant à Pilhes, dont le nom est accolé aux

(1) *Interrogatoire* 13 juin, *Moniteur* p. 3126. — *D.* Comment avez-vous su que la réunion devait avoir lieu et par qui l'avez-vous appris ?
R. Avant de me rendre aux Arts et Métiers, je m'étais rendu au lieu habituel de nos réunions, rue du Hasard. Quelqu'un me dit que la réunion est maintenant au Conservatoire des Arts et Métiers et j'ai pris de suite cette direction. » Cf. Deville qui s'était rendu rue du Hasard et qui apprend qu'on s'est réuni au Conservatoire des Arts et Métiers. « Je m'y suis rendu, dit-il, et dix minutes après j'ai été arrêté. » Interrogat. *Moniteur*, p. 3143.

(2) Réponse à la déposition Jacquemot. Cf. *Moniteur*, p. 3142.

(3) Déposition Isot, capitaine d'artillerie (garde nationale).

(4) De Felice, *op. cit.*, pp. 155-196 ; Commissaire, *Mémoires et Souvenirs*, t. I, p. 245 et 246, Lyon, Meton, 1888.

autres, il n'est pas encore arrivé. Il débouche bientôt par la rue Greneta dans la rue Saint-Martin, redingote noire boutonnée jusqu'en haut, canne de jonc à la main (1). Devant le Conservatoire, se dresse une petite barricade formée d'une charrette et de quelques roues. Le 62e de ligne descend en colonne la rue Saint-Martin. On avertit Guinard, Ledru-Rollin et les représentants qui sont à l'intérieur du Conservatoire. On crie : « Les représentants, en avant ! » Presque tous se portent, Ledru-Rollin en tête, dans la direction de la rue Saint-Martin, au devant du 62e. Ils intercèdent, ils interpellent le chef de la troupe. Mais le général Cavaignac ordonne de battre la charge et crie : « Grenadiers, à la course ! » Derrière la barricade se placent quelques représentants et des gardes nationaux auxquels Ledru-Rollin ordonne de lever la crosse en l'air ; le long des grilles, dans la rue, un certain nombre de représentants et d'artilleurs. Le 62e balaie les trottoirs de droite et de gauche, les insurgés se replient vers la grille du Conservatoire. Les soldats les poursuivent. Pilhes est, semble-t-il, arrêté à ce moment là. Il est entraîné avec tous ceux que l'on refoule vers la cour des Arts

(1) *Interrogatoires 13 juin et 27 juillet.* Pilhes déclare qu'il n'est parti de la rue du Hasard qu'à « 2 heures passées » de l'après-midi. L'accusation reconnaît qu'il n'est pas arrivé en même temps que ses collègues au Conservatoire. Pilhes nie formellement être entré au Conservatoire avant l'arrivée du 62e.

et Métiers (1). La grille n'a pu être refermée à temps : un soldat passe la crosse du fusil par l'ouverture et empêche de barrer l'entrée. « Les grenadiers poussent avec la poitrine et avec les mains » et font ainsi irruption, pêle-mêle avec les insurgés, dans la première cour.

Pilhes est entraîné en tête de la colonne avec Deville, Boch, Vauthier, Fargin - Fayolle. Tandis que la masse des manifestants est poussée, à l'intérieur vers la salle des Filatures où elle est poursuivie par une compagnie, Pilhes et ses amis sont rejetés à droite en entrant, refoulés par les baïonnettes et acculés dans un étroit espace entouré de murs, entre la loge du concierge et le corps de garde (2). Le capitaine de la 2ᵉ compagnie du 62ᵉ, « un peu lancé », s'écrie : « On a tiré sur mes soldats, rangez-vous contre le mur, vous allez être fusillés. — Portez armes ! » Les hommes arment leurs fusils, mettent en joue. « Emotion extrême. » Pilhes pourra déclarer plus tard « qu'il avait eu la mort entre les dents » (3). Il y avait encore à dire feu ! Un lieute-

---

(1) Déposition Castelbon, p. 3323, déposition Fargin-Fayolle. « Nous fûmes, dit Deville, refoulés, ramassés par la troupe à la grille du Conservatoire. » « Quand ce dernier (le 62ᵉ), dit Pilhes, m'arrêta, il m'a obligé à entrer au Conservatoire, mais alors je cédais à la force seulement. » En marge du compte-rendu (op. cit.), Pilhes note : « J'ai été arrêté devant même les Arts et Métiers. » L'accusation prétendait qu'il avait été saisi à la sortie de la rue Greneta.

(2) Dépos. Fargin-Fayolle. « J'ai vu, dit Deville, les baïonnettes sur ma poitrine. » *Moniteur*, op. cit., p. 3532.

(3) Pilhes à son ami Sans, Doullens, 10 mai 1850. Lettre publiée en partie par Ph. Morère et Pélissier, *Ariège historique*, p. 260.

nant s'approche du capitaine, lui demande de réfléchir. Survient, à cheval, le commandant de Montclar suivi d'un peloton. Ledru-Rollin, Guinard l'interpellent : « Il est impossible de faire fusiller des citoyens sans armes ; il n'y a pas ici d'ennemis, puisqu'il n'y a pas de résistance ». De son épée, le commandant fait un signe : les soldats redressent les armes.

Tout à coup, on entend des coups de feu, rue Saint-Martin. Le commandant repart au galop, suivi de tous les hommes, y compris ceux qui se trouvent dans la salle des Filatures, où vient de se dérouler également une scène dramatique (1). Le Conservatoire est évacué : devant la grille, à peine quelques soldats. Pendant au moins dix minutes, la porte de sortie est libre. Quelques représentants et des artilleurs en profitent pour s'évader (2). Dans la première cour, se tiennent toujours Deville, Pilhes, Boch, Fargin-Fayolle, Guinard, Ledru-Rollin.

Que faire ? La partie est certainement perdue. Quelques-uns opinent pour que l'on profite sans

____

(1) Commissaire, op. cit., p. 246-247, dépositions Joubert, p. 3514, Grün, p. 3305.

(2) Le commandant de Montclar affirme être parti un quart d'heure, p. 3532 et 3351. « Il y avait deux compagnies devant la grille. Peut-être se sont-elles en allées quand je suis parti. » Deville déclare : « La grille était parfaitement libre de toute espèce de troupe... » et ailleurs « Il s'écoula 8 à 10 ou 15 minutes... il n'y avait que nous... Nous pouvions tous nous en aller », p. 3532. Isot témoigne : « Nous avons été parfaitement libres pendant dix minutes au moins », p. 3519. Cf. déclarations de Fargin-Fayolle, Guinard, Delahaye.

retard de l'issue restée libre. Le citoyen Deville, représentant des Hautes-Pyrénées, ancien capitaine de la garde impériale, n'est pas de cet avis. « Citoyens, dit-il avec force, j'étais à Waterloo et je n'ai pas fui. Partez, partez si vous le voulez, moi je reste. — Tu ne seras pas seul, clame Pilhes, toujours brave, moi aussi je reste. — Eh! bien, nous resterons tous, ajoute Ledru-Rollin. — Tous, oui, reprend Pilhes, sauf un seul pourtant, sauf vous, mon cher Ledru. Que nous mourrions nous, peu importe! Nous ne sommes que des individus sans relief, et nous n'avons pas de meilleur moyen de servir la cause du peuple que de nous faire tuer ici pour lui. Mais vous, citoyen, vous devez vivre parce que vous êtes la parole même du peuple et le verbe éclatant de la Révolution. Votre place n'est pas ici, allez vous en. — Oui, oui, Pilhes a raison, s'écrient alors tous les représentants. Allez vous en, citoyen Ledru! » Ledru-Rollin refuse de partir. « On l'entoure, on l'adjure » et Pilhes ne trouve rien de mieux que de le saisir à bras-le-corps et de le pousser hors du groupe (1). Le chef de la Montagne

(1) Cet incident et ces paroles ont été rapportés par Aristide Pescaire, ami personnel de V. Pilhes, dans un article de la *République de l'Ariège* (5 nov. 1882), intitulé : VICTOR PILHES, le 13 juin 1849. On ne peut affirmer l'authenticité complète des termes employés : on peut cependant ajouter foi à l'ensemble de la scène. Elle nous a été d'ailleurs confirmée par M. Pescaire lui même. M. Pescaire affirme, en outre, que Pilhes poussa Ledru-Rollin dans l'ouverture d'une fenêtre qui était de plain-pied avec le jardin. Il y a là une exagération. Pilhes n'a pas quitté la première cour. Quant

se dirige avec Forestier vers l'intérieur du Conservatoire, traverse la salle des Filatures abandonnée et s'échappe par la porte qui donne sur la place où s'élève aujourd'hui l'Ecole Centrale. Il était temps : trois minutes après que Ledru-Rollin eut quitté ses camarades, la troupe revenait (1). Et c'est alors qu'a lieu l'arrestation définitive des Montagnards (2).

Pilhes et ses compagnons sont conduits dans la rue Saint-Martin, où les attend un carré du 62e de ligne. Ils sont dirigés sur la porte Saint-Martin : les voltigeurs qui les escortent ont ordre de tirer sur les prisonniers en cas de tentative d'évasion. En route pour la Préfecture de police, où Pilhes remet sa canne de jonc (3), puis pour la Conciergerie ! (4)

à l'attitude de Ledru-Rollin, cf. dépos. Vauthier, p. 3279, Guinard, Fargin-Fayolle, Fraboulet de Chalendar, p. 3591. Ledru-Rollin, assure Fargin-Fayolle, a quitté la première cour, où nous étions tous, trois minutes avant que nous eussions été arrêtés nous-mêmes.

(1) Dépos. Dupin Louis, secrétaire de M. Pouillet, p. 3279 ; Forestier, p. 3351 ; Cœur-Desnoy, domestique de M. Pouillet, déclare que Ledru-Rollin serait sorti le dernier, p. 3545. On fit courir le bruit que Ledru-Rollin se serait échappé par un vasistas. M. Wilfrid de Fonvielle (*Révol. de 1848, t. 8, Le 13 juin 1849*) affirme que le chef de la Montagne passa « par une porte donnant sur un marché occupant alors la place où s'élève aujourd'hui l'Ecole centrale ».

(2) Dépos. de Fraboulet de Chalendar, p. 3511 ; Forestier, p. 3350 ; de Montclar, p. 3351.

(3) « Le jonc a été remis par moi-même à la Préfecture de police ». Note de Pilhes.

(4) Commissaire, op. cit., p. 269.

A 6 heures du soir, en même temps que Suchet, Daniel - Lamazière, Maigne, le représentant de l'Ariège est amené, sous escorte d'un détachement de dragons et de gardes républicains, devant le juge d'instruction. Les prévenus sont interrogés individuellement. On met sous leurs yeux écharpes, rosettes de représentants, pièces à conviction, entre autres la canne de jonc et un petit couteau que Pilhes reconnaît comme lui appartenant (1).

Nouvel interrogatoire, le 27 juillet : le juge d'instruction essaie de préciser si Pilhes a été le matin du 13 juin rue du Hasard, s'il est entré au Conservatoire des Arts et Métiers.

C'est à la Conciergerie que sont enfermés jusqu'au 10 octobre, jusqu'à l'ouverture du procès, le représentant de l'Ariège et ses dix collègues poursuivis. Le représentant Commissaire, qui avait réussi d'abord à s'échapper du Conservatoire, vint les y rejoindre. Pour les loger, on avait fait évacuer le quartier dit des femmes : dix cellules du premier étage, avec porte s'ouvrant sur un long corridor, leur avaient été affectées. Au rez-de-chaussée, le réfectoire et une petite cour servant de préau. « Dans cette cour, dit Commissaire, entourée de bâtiments élevés, c'est à peine si les jours de beau temps un rayon de soleil vient, pendant quelques instants, sécher une partie des pavés, presque toujours mouil-

(1) *Moniteur*, p. 3412.

lés par l'humidité. » La nourriture consistait en une ration de pain, « soupe maigre le matin et légumes secs le soir ». Deux fois par semaine, le jeudi et le dimanche, une soupe grasse et une portion de viande remplaçaient la soupe maigre. Bientôt le secret fut levé. On s'arrangea de façon à prendre les repas en commun. Le matin était servie la soupe de la prison ; le soir arrivait du restaurant le dîner payé par les détenus. De 11 heures à 4 heures, les parents étaient admis au parloir. On s'arrangeait pour correspondre de façon à éviter de faire passer les lettres par le greffe. Après la fermeture du parloir, c'était la lecture des lettres, des journaux qu'on avait pu se procurer. Arrivait l'heure du dîner : le repas terminé, on discutait « sur la politique ou sur d'autres sujets ». Au coucher du soleil, c'était l'heure de rentrer dans les cellules. L'un des représentants « entonnait un chant patriotique » et tous en chœur répétaient le refrain. Puis les détenus remontaient dans leurs cellules jusqu'au lendemain huit heures (1).

(1) Commissaire, op. cit., pp. 270 à 274.

CHAPITRE X

La Haute-Cour de Versailles.
La prison de Doullens.

Les insurgés du 13 juin restèrent près de quatre mois à la Conciergerie jusqu'au moment où s'ouvrirent les débats de leur procès. Le 9 août, était signé l'arrêt de la chambre de la cour d'appel de Paris, incriminant Pilhes d'avoir signé les diverses proclamations de la Montagne, d'avoir pris part à la réunion du 12 au soir dans les bureaux de la *Démocratie pacifique*, d'avoir été arrêté à la porte du Conservatoire (1). L'arrêt lui fut signifié le 3 septembre (2).

Les prévenus étaient déférés à la Haute-Cour de Versailles. Ils furent extraits, le 10 octobre, de la Conciergerie (3). A 7 heures du matin, cinq voitures étaient devant la prison. On charge d'abord malles

(1) *Haute-Cour de Versailles*. Imprimerie nat., p. 44.
(2) Fac similé, *ibid.*, p. 67.
(3) *Voix du Peuple*, 11 oct. 1849.

et valises des accusés, puis ceux-ci sont amenés par des surveillants aux portières. Dans le coupé, prennent place un accusé et un sergent de ville ; à l'intérieur six accusés, quatre sergents de ville, assis près de la portière ; sur la banquette trois gendarmes, sac au dos, fusil à la main. Dans la deuxième voiture, montent Victor Pilhes, Suchet, Commissaire, Maigne, Fargin-Fayolle et les journalistes également poursuivis Paya et Allyre-Bureau. A trois mètres en avant du cortège, courent trois éclaireurs « pistolet au poing et le doigt sur la détente », un colonel suivi de son ordonnance et, sur deux rangs, un piquet de dragons, sabre nu à la main, mousquet en bandoulière. Autour de chaque voiture caracolent des cavaliers sabre au clair ; derrière le cortège, un piquet de 25 hommes à cheval et une arrière-garde. Au grand trot des chevaux, le cortège prend par la rue de Jérusalem, le quai des Orfèvres et s'engage sur la route de Versailles, éclairée par la gendarmerie et entièrement libre.

A Versailles, les prévenus sont enfermés dans une prison cellulaire attenant au palais de justice : quatre rangées de cellules y sont superposées l'une à l'autre. Comme mobilier, un lit en fer garni d'un sommier, table en bois de chêne, chaises en paille, cuvette en étain scellée au mur (1).

(1) *Moniteur*, p. 2932. *Dispositions prises à Versailles pour le procès.*

Le 13 octobre, le procès commence. Entre la prison et le palais de justice on a pratiqué un passage. Les accusés arrivent, flanqués de gendarmes, par la porte placée au centre de l'espace qui leur est réservé. Ils se rangent sur trois gradins disposés en stalles. Chaque prévenu est assis entre deux gendarmes (1). Pilhes prend place au deuxième banc avec Commissaire, Suchet, Maigne, Boch, Fargin-Fayolle, Daniel-Lamazière. Devant lui, une vaste salle carrée éclairée par six fenêtres et deux caissons-vitraux, ventilée par une élégante rosace à jour ; en face, banquettes avec pupitres pour les membres du jury. Des tribunes pouvant contenir plus de 200 personnes ont été mises à la disposition du public. Sur deux tables et une chaise sont les pièces à conviction : un chapeau, deux bonnets phrygiens, une statuette en plâtre de Robespierre surmontée d'une couronne d'immortelles, des écharpes de représentant, des gibernes, des shakos, des sabres, des pistolets.

Plusieurs avocats assistent les prévenus, entre autres Jules Favre et Madier de Montjau. Jules Favre défend Pilhes, Guinard et Monbet : il est plein de confiance car il a déjà fait acquitter à l'unanimité, devant les tribunaux de divers départements, plusieurs émeutiers compromis dans les affaires du 13 juin (2).

(1) Ibid., 2932, et Commissaire, op. cit. t. II, p. 300 et suiv.

(2) Jules Favre rappelle qu'il a fait entendre « ailleurs une libre parole, suivie d'acquittements prononcés à l'unanimité ». *Moniteur*, 3615.

Lecture est donnée par Gambon, l'un des accusés, d'une protestation au bas de laquelle la signature de Pilhes figure au troisième rang : les prévenus affirment que la procédure suivie constitue une violation de la Constitution et que la convocation de la Haute-Cour est irrégulière. D'ailleurs, ni Pilhes ni son avocat ne sont d'accord avec les autres pour la tactique à suivre. Madier de Montjau, principal défenseur, plaide l'incompétence : ses conclusions ne portent pas la signature de l'avocat de Pilhes. Egalement, ni Pilhes ni son avocat ne s'associent à la requête de l'accusé Langlois qui demande que le procès soit jugé par le peuple. Ils ne sont pas non plus de l'avis de Madier de Montjau quand il s'obstine à plaider le droit à l'insurrection. Pilhes surtout paraît subir l'influence de Proudhon qui l'engage à cor et à cri à ne pas suivre Madier de Montjau et à s'élever contre ses conclusions. « Ayez donc le courage, écrit Proudhon à Langlois, vous Pilhes, Guinard, Bureau et tous ceux qui ont un reste de sens commun, de laisser là vos avocats et de suivre la voie que je vous ai indiquée..... Je vous supplie, mon cher Langlois, je vous somme vous et Pilhes et tous ceux qui voudront se joindre à vous de déclarer dès demain à la Haute-Cour que vous n'entendez pas, que vous ne concevez point comment il pourrait être utile à votre défense de plaider ce droit (hypothétique) à l'insurrection..... Faites part de ceci à Pilhes ; je compte très positivement sur votre prudence à tous deux..... » (1).

Mais Pilhes ne peut aller jusqu'au bout de ce système de défense. Violent et emporté, tout d'une pièce, ne permettant pas que l'on suspecte ses sentiments, ou que l'on offusque sa générosité native, il est toujours prêt à lancer une véhémente protestation, à crier son indignation.

Voici que le lieutenant de gendarmerie mobile Petit, à qui l'on reproche d'avoir frappé d'un coup de sabre à la figure un jeune homme à genoux, se tourne vers le banc des accusés et des défenseurs : « Vous êtes des Jean F..... » leur crie-t-il. Pilhes, se levant, rugit : « Il n'est pas Français cet homme ! » Et les accusés de se lever en signe de protestation. Tumulte. Le procureur prend des conclusions (2). Le témoin Valois Louis-Gabriel affirme, d'autre part, que « ceux qui arment les citoyens pour faire égorger des citoyens, ne peuvent être des représentants de la France. » Récriminations, protestations de Pilhes, de Deville, de Vauthier, de Dufélix. « C'est calculé, ce sont des insolents », clame Pilhes. Et comme le président observe que le témoin ne fait que répéter ce qu'il a écrit :

(1) Proudhon, *Corresp.* t. III, 10 nov. à Langlois. Ibid. lettres du 7 oct., 15 oct , du 4 nov. Dans toutes ces lettres à Langlois, il est question de Pilhes. Le 7 oct. il termine sa lettre en disant : « Embrassez aussi Pilhes et serrez la main aux amis ».

(2) *Moniteur*, p. 3186.

« Eh ! bien, dit Pilhes, nous protestons contre la parole prononcée à l'audience et la parole écrite ; nous ne nous laisserons jamais traiter ni par écrit, ni par paroles de misérables. » Et il ajoute que les représentants ne sauraient tolérer de pareils procédés. « Le président, affirme-t-il, a dit que les jurés apprécieront. Nous, accusés, nous disons que le temps à son tour appréciera. » (Agitation.) « Nous ne supporterons pas les injures gratuites d'hommes de cette nature » (1).

Ainsi que ses co-accusés, Pilhes refuse de répondre aux questions du président de la Haute-Cour, se réservant de s'expliquer après l'audition des témoins et d'exposer l'emploi de son temps durant la journée du 13. Mais il ne put présenter sa défense.

On sait que la Haute-Cour interdit à Madier de Montjau de plaider le droit à l'insurrection. Accusés et avocats se solidarisèrent avec le célèbre défenseur. Pilhes et Jules Favre, bien à contre-cœur semble-t-il, refusèrent de plaider, de se défendre. En vain désigna-t-on des avocats d'office. En vain l'avocat Vivaux fut-il appelé pour défendre Pilhes et Lamazière. Deville, en son nom et au nom de tous les accusés, protesta contre « l'assistance silencieuse » des avocats d'office. La cour, passant outre, reconnut les accusés coupables « d'avoir, en juin 1849, participé à un complot ayant pour but : 1º de détruire ou

(1) Ibid., p. 3309.

de changer le gouvernement ; 2° d'exciter à la guerre civile en armant ou en portant les citoyens ou habitants à s'armer les uns contre les autres. » Le complot, affirmait l'arrêt, avait été suivi d'actes commis ou commencés pour en préparer l'exécution.

A la majorité, Pilhes était reconnu coupable pour toutes les questions. Ses co-accusés étaient également condamnés. Maigne protesta contre « un gouvernement de prévaricateurs ». Deville de s'écrier : « La France un jour nous vengera. » Pilhes resta silencieux.

La plupart des prévenus étaient condamnés à la détention perpétuelle. « A peine, dit Commissaire, le président eut-il terminé la lecture de l'arrêt de la Cour que tous, spontanément, nous criâmes : « Vive la République démocratique et sociale ! » Puis nous chantâmes la *Marseillaise* et le *Chant du Départ*. On nous reconduisit à la prison sans interrompre nos chants. » La forte voix de Pilhes résonna une fois de plus au sein de ce groupe exalté (1).

Mais à la prison « ce fut un silence et une tristesse mortels ». La plupart des condamnés, « si forts, si courageux », avaient pris un « air sombre ». Ils étaient accablés par les fatigues d'une nuit passée

----

(1) Commissaire, op. cit. p. 302. Cf. *Moniteur*, p. 8660 : « Les condamnés se levant avec force : « Vive la République démocrati- « que et sociale. »

sans sommeil et par la sévérité de l'arrêt de la Haute-Cour (1). A l'exception de Deville et de Guinard tous étaient jeunes — Pilhes n'avait que 31 ans — et ils allaient être retranchés de la vie publique. « Vous étiez des citoyens, écrivait Proudhon à ses amis, vous n'êtes plus que des condamnés » (2).

*
* *

Un soir, après la sortie des visiteurs, on dit aux prisonniers de se préparer à partir pour une destination inconnue. C'était dans la soirée du 13 novembre. Des précautions extraordinaires avaient été prises. Les prisonniers étaient amenés par des corridors, longs et étroits ; à toutes les issues se trouvaient des sergents de ville et des gendarmes. De grandes torches allumées éclairaient la marche. Les agents de police à « la lueur sinistre et rougeâtre des flambeaux résineux produisaient un effet saisissant ». La direction de la prison appelait tour à tour un détenu et celui-ci partait entre deux gendarmes. En dehors de la geôle, grand déploiement de forces militaires. Au milieu des troupes, « d'ignobles voitures cellulaires » attendaient les prisonniers. Chacun d'eux fut enfermé dans un compartiment, et,

(1) Commissaire, ibid. p. 303.
(2) Proudhon, *Corresp.*, t. III, 14 déc. à Langlois.

sous l'escorte d'un peloton de cuirassiers, en route jusqu'à la gare du Nord. Ici, les voitures furent placées sur des trucs jusqu'à Amiens. A la gare d'Amiens, elles furent mises à terre, sans qu'on fît descendre les captifs. On attela des chevaux et, lentement, on se dirigea vers la citadelle de Doullens.

Ici, rien n'avait été préparé. Pilhes et ses compagnons stationnèrent dans la cour : les condamnés de juin 1848 s'empressèrent autour d'eux en chantant des refrains socialistes. Les condamnés du 13 juin 1849 devaient prendre la place de ceux de juin 1848 (1).

Fort triste fut pour Pilhes le séjour à Doullens. Cette ancienne citadelle changée en maison de correction était bien loin des agitations de la rue. On n'apercevait le dehors que du point le plus élevé de la prison « où les sentinelles passaient et repassaient ». De là, on entrevoyait dans le fond, au milieu « d'un lacis de cours d'eau », les maisons, « les fumées paisibles, les fenêtres indifférentes » de la petite ville aux toits bleuâtres. A l'intérieur de la citadelle, des bâtiments en brique « d'une coloration rose fanée, et violacée pâle », un corps de logis principal et des annexes, un petit préau rectangulaire, des rez-de-chaussée, tout un hameau avec des ruelles, où les prisonniers vêtus de drap bleu, casquette plate, travaillaient, circulaient. Distractions rares.

(1) Commissaire, pp. 306, 307.

Parfois la visite d'un ami ou de quelques dames de co-détenus fixées à Doullens, apportant des nouvelles « systématiquement optimistes ». Le 13 juin 1850, afin de célébrer l'anniversaire de la journée, pour eux à jamais mémorable, les détenus jouèrent au casse-pot. Pour remplacer le tambour, les prisonniers chantaient *rataplan, rataplan, rataplan, plan, plan*. Le vainqueur fut porté en triomphe.

On racontait des histoires d'évasions, on élaborait des projets de fuite (1). Pilhes, dont on connaît l'esprit combattif, le tempérament ardent, se plaignait de cette « triste oisiveté », « oisiveté accablante et mortelle pour ainsi dire, lorsque le courage n'est pas rudement trempé », écrivait-il à son ami Sans, de Tarascon. « Il faut y passer, ajoute-t-il, pour le connaître ce mal de prison, ce mal bien plus terrible pour le moral que pour le physique, et qui, à la longue, finit le plus souvent par transformer l'homme en machine, en animal inintelligent, en une brute presque. Quel combat il faut livrer avec soi-même pour échapper à de si tristes conséquences ! Sous ce rapport, je n'ai pas à me plaindre de moi, je plains au contraire certains de mes camarades qui, à coup sûr, n'éviteront pas les désastreux résultats dont je parle. » Et pour surmonter « les embêtements » de sa captivité, Pilhes se livre à l'étude, s'efforce « de cultiver et d'orner son esprit ». Aucun repentir,

(1) Geffroy. *L'Enfermé* LIX, Commissaire, op. cit., p. 314.

d'ailleurs..... « A travers tout cela, dit-il, je n'ai que de la joie dans le cœur, bien loin d'éprouver le moindre regret. L'assassinat lâche, précédé de la trahison, par le gouvernement, d'un grand peuple, l'assassinat de la république romaine, fille de la République française, criait à tout patriote, à tout cœur généreux, vengeance !

La Constitution du pays, jurée par tous les Constituants sur la place de la Révolution, et devant eux par cet imbécile de président qui a perdu le souvenir de Sainte-Hélène, était audacieusement violée et pour ainsi dire mise en lambeaux. C'est encore bien pire aujourd'hui. Je pris part à la journée du 13 juin avec tout l'élan de mon patriotisme et avec toute l'énergie que donne seule une grande conviction. J'ai succombé avec le *droit*, mais sans avoir à me reprocher une lâcheté quelconque. J'avais juré de défendre la République, même au péril de ma vie : or la Constitution, c'est toute la République. Si je n'ai pas perdu ma vie dans cette journée néfaste, ce n'est pas ma faute, quoiqu'à plusieurs reprises j'ai eu la mort entre mes dents. J'ai tenu parole, j'ai été fidelle *(sic)* à mon mandat : les lâches et les traîtres peuvent maintenant me jeter la pierre. Je suis tranquille dans ma conscience et mon sommeil est calme. Pour preuve de mon dévouement sans borne et de mon *entier* sacrifice sous toutes les formes, je suis relégué, en attendant mieux, derrière les murs épais et humides d'une citadelle : eh ! bien, je dis avec le vulgaire, que la volonté de Dieu soit faite !.....

Ma vie est dans l'humanité et dans le progrès, dans la liberté et dans la République, parce que ma raison éclairée me fait toucher du doigt les vérités incontestables, parce que hors de là, il n'y a plus pour moi que le chaos... » Et il aperçoit « à l'horizon un avenir meilleur pour tous les déshérités de ce monde » (1). On reconnaît ici le langage d'un idéaliste exalté, attaché à la fois aux affirmations philosophiques du XVIIIe siècle et aux tendances sociales du XIXe, porté d'autre part vers de romantiques aspirations.

Au début du mois de mai, Pilhes reçut la visite de son frère Aristide. Ce dernier passa huit jours à Doullens. Pilhes put le voir chaque après-midi, de 11 heures à 5 heures. « Longuement et assez en détail » on parla de l'Ariège, des élections récentes qui avaient amené l'échec des Pilhes, « le triomphe des intrigans, des corrompus, des mangeurs du peuple ». Le prisonnier n'oubliait pas ses amis de Tarascon : il écrivait vers la même époque à ses camarades d'enfance, à Sans, à Garrigou, à Pescaire, à tous ceux qui partageaient sa foi républicaine (2).

(1) Lettre à E. Sans, 10 mars 1830, publiée en partie dans l'*Ariège historique*, p. 260.

(2) Ibid.

A tous, il envoyait des fleurs de la citadelle de Doullens (1).

*
* *

A Paris, d'autre part, on n'oubliait pas le détenu. Constamment Proudhon lui donne de ses nouvelles, cherche à l'arracher à l'influence de la Montagne, « des démocrates imbéciles », affirme-t-il. Il espère que la lecture de la *Voix du Peuple* ramènera peu à peu Pilhes et Langlois « aux vrais principes » et il leur fait adresser la collection de ce journal. Il écrit plus particulièrement à Pilhes « dont les témoignages d'affection l'ont touché jusqu'au fond du cœur ». « Je présume, écrit-il à Langlois, que vous êtes bien ensemble, tous deux Pilhes et vous pour que ce que j'écris à l'un soit mis en participation avec l'autre ; s'il en était autrement, c'est que vous ne m'aimeriez pas » (2).

Voici qu'à son tour, Proudhon, le maître et l'ami, traqué pour un article de presse, arrive à Doullens, le 20 avril 1850. Il gravit le chemin montant entre les

---

(1) Au bas d'un portrait de Pilhes, conservé par la famille Pescaire, se trouve une fleur desséchée, avec cette mention : 1850. « Cette fleur a été cultivée à la citadelle de Doullens, par mon ami Victor Pilhes, représentant du peuple, déporté : F. Pescaire ». Ce portrait, avec la signature de Victor Pilhes, renferme les indications suivantes : 13 juin 1849 ! Victor Pilhes, représentant du peuple, condamné à la déportation par la Haute-Cour de Versailles. Dessiné d'après nature par Guilbert à la Conciergerie. Renseignements communiqués par les regrettés A. Pescaire et F. Garrigou.

(2) Proudhon. *Corresp.*, t. III, 2 avril 1850, à Langlois.

aubépines, franchit le pont-levis de la forteresse (1).
Dès son arrivée, il demande à communiquer avec ses
compagnons de captivité et « notamment avec Pilhes
et Langlois ». Le directeur de la prison répond qu'il
n'a pas d'ordres. De leur côté, dès le lendemain,
Pilhes et Langlois demandent par lettre au directeur
à voir leur ami : nouveau refus. Proudhon s'adresse
le 27 avril, au ministre de l'Intérieur : il sollicite
encore la permission de se promener avec les autres
détenus. Pendant quelques jours, confiné dans l'infirmerie de la prison, il est « séparé de toute communication » (2). Le 26 avril enfin, Proudhon réussit
à faire parvenir à Pilhes et à Langlois le billet
suivant : « Chers amis, je suis ici depuis samedi
soir, 20 courant. Dès mon arrivée j'ai été mis au
séquestre, un gardien de planton à ma porte. Les
fenêtres de ma chambre sont juste en face de la
maison du major que vous apercevez sur le rem-
part... Je suis sans nouvelles de ma femme, de mon
frère qui a fait cent lieues pour me voir et que j'ai à
peine entrevu. Je juge à leur silence qu'on leur
refuse l'autorisation de me voir. Pouvez-vous me
faire passer un billet, quelques renseignements sur
ma situation ? Je tâche de m'étourdir, mais je suis
dans une angoisse atroce...

(1) Description de cette prison dans Geffroy : *L'Enfermé*, CXX.
(2) Darimon, op. cit.. pp. 252 et 253 et lettre de Pilhes à Darimon, 23 avril, ibid.

Il me semble que j'entends quelquefois Pilhes. Donnez-moi signe de vie, si c'est possible » (1).

C'est par dessus le mur que le billet a été lancé. « Notre ami, écrit Pilhes à Darimon, a été bien hardi. Cela lui a réussi, mais jusqu'à un certain point. Connaissant le personnel comme je le connais, il aurait pu échouer. Il faut avouer qu'il s'opère réellement des miracles... » « Par le retour du courrier », Pilhes adresse à Proudhon une belle lettre « de consolation et de courage ». Langlois en fait autant, Guinard ajoute quelques lignes, « et en avant la poste ! » « Toutefois, rien de compromettant n'a été confié au papier » (2). La surveillance est toujours rigoureuse. C'est Pilhes surtout qui donne aux amis des nouvelles du prisonnier : il fait savoir à Darimon que Proudhon ne peut voir sa femme venue à Doullens qu'une heure par jour et en présence d'un gardien (3). Mme Proudhon fait d'ailleurs passer une brioche à Pilhes qu'elle aime « comme un frère » (4). A la suite de la saisie d'une lettre de Proudhon aux rédacteurs de la *Voix du Peuple*, le séquestre devient encore plus étroit. Pilhes, qui compte dans le Midi de nombreuses sympathies, a reçu de Tulle quatre boîtes de champignons préparés en conserve. Il de-

(1) Proudhon, *Corresp.*, t. III. A Darimon, op. cit., p. 253.
(2) Darimon, op. cit., p, 254. Lettre de Pilhes à Darimon, 26 avril.
(3) Ibid., p. 255, du même au même, 27 avril.
(4) Proudhon, *Corresp.*, III. A Langlois, 1850.

mande la permission d'en faire parvenir une à Proudhon. Refus formel. « Le directeur a considéré que cette boîte de comestibles pouvait servir à dissimuler une correspondance suspecte » (1).

Le séquestre cesse le 5 mai. Proudhon est placé dans le quartier des condamnés de la Haute-Cour de Bourges, Barbès, Blanqui, Raspail... Le 8 mai, il écrit en post-scriptum aux rédacteurs de la *Voix du Peuple* : « J'ai pu enfin voir Langlois, Pilhes et Guinard » (2).

.*.

Les détenus de Doullens ne sont pas complètement retranchés de la vie politique. On répand jusque dans les campagnes les portraits des proscrits : une gravure, entre autres, représente debout les accusés de Versailles ; au milieu, dominant le groupe de sa haute taille, Victor Pilhes (3). Des élections complémentaires doivent pourvoir, le 10 mars 1850, au remplacement des représentants destitués à l'occasion du 13 juin. Le 23 février, Langlois et Pilhes, par lettre adressée aux rédacteurs de la *Voix du Peuple,* journal de Proudhon, adressent des encouragements à leurs amis. Ils recommandent la conciliation, l'union entre républicains et socia-

(1) Darimon, op. cit., p. 256.

(2) Proudhon, *Corresp.*, III, 8 mai 1850. Ce P. S. est reproduit dans Darimon, p. 257.

(3) Une de ces gravures se trouve à l'hôtel Calvet, Aulus (Ariége).

listes : « Il y a dix-huit mois, disent-ils, que nous reprochait-on, citoyens ? d'être exclusivement socialistes, de ne pas être assez politiques..... Six mois à peine écoulés, c'était le contraire qui nous était reproché. » Et Pilhes, Langlois rappellent que l'élection du président de la République a changé l'état de la question. « Désormais, le débat est entre les républicains unis et les royalistes coalisés ». Il faut avant tout sauver la République, « car, sans la République, il n'y a pas de socialisme ».

Pourquoi donc le parti socialiste refuserait-il la fusion « aujourd'hui que la Constitution est plus que jamais en péril, que la République est sérieusement menacée, que le suffrage universel lui-même est audacieusement mis en question ; aujourd'hui que de l'urne électorale du 10 mars peut sortir la paix ou la guerre, la République ou la monarchie ?

« Citoyens et amis de la *Voix du Peuple*, continuez l'œuvre inachevée du journal le *Peuple* (l'absorption de tous les républicains dans le parti socialiste) et n'oubliez jamais que son rédacteur en chef (1), disait, il y a un an, devant la cour d'assises : « Le socialisme, c'est la doctrine de la conciliation universelle. » Salut et fraternité. G.-A. Langlois et V. Pilhes, anciens rédacteurs du *Peuple*, condamnés de Versailles » (2).

(1) Il s'agit de Proudhon.
(2) Lettre reproduite dans l'*Union démocratique de l'Ariège*, 7 mars 1850.

En vue de cette élection de protestation, la Montagne adresse un manifeste au peuple (1) : elle évoque le souvenir des disparus. « Un vide immense, dit-elle, s'est fait dans nos rangs, la mort nous a enlevé James Demontry, Robert de l'Yonne ; l'exil Ledru-Rollin, Félix Pyat, Considérant, Cantagrel, Martin Bernard, Beyer, Kops, Kœnig, Hofer, Pflieger, Menaut, Rougeat, Avril, Rolland, Landolphe, Heitsman, Jarniot, Rattier, Boichot ; la prison, Deville, Vauthier, Fargin-Fayolle, Pilhes, Maigne, Gambon, Boch, Daniel-Lamazière, Commissaire et Suchet.

« Dans la pensée des ennemis de la République, la Montagne était destinée à périr. A peine entrée dans l'Assemblée législative, elle perd ses membres les plus influents, ceux qu'appelaient à la guider, à l'instruire, la faveur populaire, le talent, le génie. Le 13 juin devait tuer la Montagne, si elle n'avait été qu'une faction, mais la Montagne n'est pas une faction ». « Consolons nos proscrits, vengeons nos déportés », s'écriait le journal démocratique de Toulouse, l'*Emancipation*, commentant ces paroles ; et le même journal d'annoncer « que nos bons paysans de l'Ariège, des Hautes-Pyrénées, à l'exem-

---

(1) Manifeste reproduit par l'*Emancipation* de Toulouse le 3 mars 1850. Ce manifeste prône « le socialisme, c'est-à-dire l'émancipation des masses par le travail ». Ont adhéré à ce manifeste la plupart des représentants de l'Ariège : Anglade, Rouaix, Pons-Tande, Vignes. Seul, Arnaud n'a pas signé ce document.

ple de leurs correligionnaires de la Haute-Saône, de
la Nièvre, du Var, viennent d'acclamer des candidatures vengeresses d'un verdict inouï prononcé sans
défense ».

Effectivement dans l'Ariège, le parti démocratique
choisissait comme candidat Aristide Pilhes, le frère
du condamné, l'ancien compagnon de Garibaldi. Le
nom de Pilhes était à la fois une protestation contre
l'arrêt de Versailles, contre l'expédition de Rome,
contre la violation de la constitution. La candidature
était provoquée et soutenue par le comité cantonal
de Tarascon, fief des Pilhes, et par celui de Mirepoix « la Jérusalem ariégeoise du socialisme ». Mais
il y eut des dissidences : à Foix, où Victor Pilhes était
très discuté, les chefs du parti proposèrent la candidature de l'ex-sous-commissaire Th. Silvestre (1).
D'autre part, on faisait courir le bruit qu'Aristide
Pilhes avait combattu à Rome contre les troupes
françaises (2). Enfin la condamnation de V. Pilhes
avait fait malgré tout beaucoup d'impression sur les
paysans de l'Ariège : l'ancien représentant était
considéré comme un réprouvé. « Voter pour Pilhes,
disait-on, c'est voter pour un homme qui est aux
galères » (3). Enfin, le préfet de l'Ariège Pietri, le

(1) *Emancipation,* 3 et 9 mars 1850 ; *Voix du Peuple,* 16 déc.
1849.

(2) *Voix du Peuple,* 16 déc., réponse d'Aristide Pilhes à des accusations contenues dans le journal la *Civilisation* de Toulouse.

(3) Lettre à Sans, 10 mars 1850.

futur préfet de police, fit une pression sans précédent en faveur du général Pelet, le candidat des conservateurs. Celui-ci fut élu à une énorme majorité (1). Pilhes était désavoué.

(1) Le général Pelet obtenait 34.923 voix sur 52.370 votants, A. Pilhes ralliait 15.509 suffrages, il n'obtenait la majorité que dans le canton de Mirepoix. Th. Silvestre n'eut que 1.408 voix.

CHAPITRE XI

A Belle-Isle.

Qu'allaient devenir les condamnés du 13 juin ? On attendait la troisième délibération de la loi de déportation. Il était question de transporter à Nouka-Hiva Pilhes et ses amis. L'attente énervait les détenus. « A la bonne heure, écrivait l'ancien représentant de l'Ariège à son ami Sans, voilà qui est savoir faire souffrir. La guillotine de 93 était bien plus douce... » La mort au loin « sera bien plus lente et plus cruelle ». Dans le courant du mois d'août 1850, le bruit courut que les détenus seraient transférés à Belle-Isle. « La perspective d'être éloigné de Paris » accrut le désir de s'évader. On essaya de creuser un tunnel qui devait passer sous le chemin de ronde. Le complot fut découvert ; les gardiens trouvèrent de la terre cachée jusque dans les malles (1).....

(1) Ibid. Commissaire, *op. cit.*, pp. 341-342.

Pilhes et les condamnés de la Haute-Cour restèrent à Doullens jusqu'au 19 octobre. Après plus de onze mois de séjour dans la citadelle, vient l'ordre de transfert à Belle-Isle. Par voiture cellulaire, les condamnés arrivent d'abord à Paris. On les enferme à Mazas. Défense ici « de chanter, de siffler, de parler », sous peine d'être mis au cachot, aux fers. Mobilier et ustensiles des plus sommaires : un escabeau de bois, un gobelet de fer, une cuillère de bois « dont on a raccourci le manche ». Proudhon, maintenant prisonnier à Sainte-Pélagie, mais autorisé à sortir, vient rendre visite à Pilhes, Blanqui et Langlois. Son inébranlable bonne humeur apporte un peu de réconfort à ses amis.

Onze détenus restèrent plus longtemps que les autres à Mazas : on les considérait « à tort ou à raison comme les plus dangereux ». On craignait, d'ailleurs, qu'ils ne fussent délivrés au passage par les républicains nantais. De ce nombre étaient Pilhes et Langlois, les amis de Proudhon. Ils restèrent onze jours dans cette prison (1). Le 30 octobre, à cinq heures du soir, on les fit monter en voiture cellulaire ; les voitures furent placées sur des trucs et en route pour Belle-Isle.

Le lendemain, à 6 heures du matin, arrivée dans la ville d'Angers. Le chemin de fer n'allait pas plus

______

(1) Pilhes, nous le verrons, avait, en particulier, de nombreuses attaches à Nantes.

loin. On remit les voitures sur les roues et le cortège roula toute la journée du 31, toute la nuit suivante jusqu'au lendemain 10 heures. Arrivés à Vannes, les détenus furent amenés à la prison centrale dans une pièce sale où se trouvait un baquet « d'une odeur et d'une malpropreté repoussantes ». Le voyage devenait de plus en plus pénible. Pilhes arriva au Palais, le port de Belle-Isle, complètement fourbu. « Nous sautâmes tous à terre, raconte Commissaire, à l'exception de M. Pilhes qui avait les jambes enflées et ne pouvait marcher. Il était beaucoup plus grand et plus gros que nous ; il avait de la peine à entrer dans un compartiment de la voiture cellulaire ; son développement physique l'avait condamné à l'immobilité et avait amené l'enflure des membres inférieurs. Il resta à bord et fut transporté sur une civière un peu plus tard. » (1).

A Belle-Isle, sous la surveillance « d'une armée de gardiens et de soldats », se trouvaient réunis les vaincus de 1848 et de 1849, discutant avec acrimonie questions politiques et sociales, affirmant avec véhémence leurs obstinées convictions. « Tous ces vaincus avaient gardé leurs illusions, leurs entêtements,

(1) Commissaire, *op. cit.*, pp. 341, 342, 353.

leurs ignorances et leurs croyances... Jetés à l'inaction, condamnés à l'impuissance, ils consumaient au milieu de l'océan leurs dernières énergies... » (1) Pilhes et ses compagnons de captivité entendaient la mer à cinquante pas. Mais une muraille de cinq mètres de haut les en séparait : vers ce mur, regardaient en vain portes et fenêtres, toutes les ouvertures des cellules. Les détenus allaient, venaient, passaient des uns chez les autres. Aux heures de sortie, c'est dans le grand préau herbu, si souvent décrit, qu'on se réunissait, vrai forum où se tenaient des sortes d'assemblées publiques. On célébrait parfois des fêtes, des anniversaires, on organisait des représentations théâtrales, des chœurs révolutionnaires et patriotiques où retentissait la voix « tonitruante » de Pilhes. Aux enterrements était déployé le drapeau rouge.

Dans l'île des déportés, renaissaient les passions des clubs parisiens. Il y eut bientôt le parti Barbès et le parti Blanqui. A ce dernier groupe se rattachait Pilhes : l'ancien représentant de l'Ariège, d'une nature ardente et généreuse, avait besoin de se dévouer. N'ayant plus Proudhon auprès de lui, il s'était donné sans réserve à celui qui, depuis la publication du document Taschereau, avait l'allure d'un excommunié. A son arrivée à Belle-Isle, Pilhes avait été enfermé dans la même pièce que Blanqui

(1) Geffroy, *op. cit.*, CXII et suivants.

avec cinq autres déportés (1). Il était plein de respect « pour les cheveux blanchis au dur Mont Saint-Michel » et d'admiration pour la science sociale du conspirateur (2). Langlois avait embrassé, lui, la cause de Barbès, d'où brouille entre les deux amis de Proudhon. Tous deux mettent leur chef politique au courant du conflit qui divise la colonie. Proudhon ne veut pas sortir de sa neutralité par rapport à Pilhes et à Langlois. Il plaint les prisonniers « livrés bel et bien aux factions », flétrit le scandale « d'une haine hideuse ». « Je vous avoue d'abord, mon cher Langlois, écrit-il le 5 janvier 1851, que malgré la préférence que vous témoignez pour Barbès et qui est égale à celle que Pilhes montre pour Blanqui, je ne puis m'empêcher d'imputer en partie au patriote de Carcassonne la petite guerre civile qui fermente au milieu de vous... Quant à Blanqui, on commence à n'être plus dupe de ses exhibitions pythagoriciennes, pas plus que de ses allures révolutionnaires. » Proudhon déplore que, pour Barbès et pour Blanqui, ses amis s'entre-déchirent. « Vos affections, écrit-il à Langlois, vous entraînent-elles en sens contraire ? Rompez, mais ne vous trahissez pas. Langlois, dites à Pilhes : j'aime et j'estime trop Barbès pour rester ton ami intime ; je t'en préviens,

______

(1) Commissaire, *op. cit.*, p. 363.

(2) Se rappeler que Pilhes avait fait partie, en 1848, du club Blanqui, puis du club Barbès.

c'est mon devoir. Et vous Pilhes dites à Langlois : j'aime et j'estime trop Blanqui pour conserver plus longtemps ta confiance : je te rends ton amitié. Point de respect humain, point de fausse honte, ce serait la trahison. » Pilhes continue à se plaindre de Barbès et de ses fidèles. « Cela lui donne, déclare Proudhon, un chagrin qui va jusqu'au désespoir et fait mal à lire. » « Comment, écrit-il à Langlois, vous que je croyais doué de quelque philosophie et qui ne manquez pas de cœur, avez-vous pu vous brouiller avec lui ? Comment, tout en gardant vos opinions, n'avez-vous pas eu pitié de cette âme si souffrante ? » Et Proudhon souhaite que ses lettres donnent à ses amis l'occasion de se rapprocher : il les prie de se les communiquer. Jamais, lorsqu'il écrit à Langlois, il n'oublie Pilhes. « Serrez la main, dit-il dans l'une d'elles, *pour moi, pour moi* entendez-vous à Duchêne (1) et à Pilhes. Ce serait peut-être trop de vous dire de la serrer pour vous même. » Il ne manque pas non plus de faire adresser « aux pauvres prisonniers » la plupart de ses travaux (2).

Effectivement, Pilhes souffrait beaucoup de cette captivité sans fin. Lui, si robuste et si fort, dépérissait. Il existe à Aulus (Ariège), chez une de ses

____

(1) Ancien rédacteur de la *Voix du Peuple*. Pilhes et Langlois finirent par se réconcilier. Papiers philosophiques d'Auguste Blanqui. *(Arch. nat. Manuscrits, nouvelles acquisitions.)*

(2) Proudhon. *Corresp.* t. IV, 7 janvier 1851 à Langlois, 14 août 1851 au même. *Papiers Blanqui* (chemise n° 1).

petites nièces, un portrait au crayon du déporté ariégeois, dessiné par un compagnon de captivité : le corps amaigri, la figure émaciée, les yeux languides expriment la souffrance et l'ennui. Nous avons encore, de cette époque, un médaillon en terre cuite avec cette inscription : « Haute-cour de Versailles 13 juin 1849. Déportation. Belle-Isle-en-Mer, 1851. » Une barbe plus épaisse souligne une figure plus allongée, plus douloureuse (1). Souvent Pilhes écrivait à sa nièce, Mme Calvet, pour lui conter les heures longues et pénibles (2). Puis, du fond de sa prison, il répondait à ses détracteurs. Il défendait son administration en qualité de commissaire du gouvernement provisoire, sa gestion financière incriminée par le rapport Ducos (3). « Après la mort sans défense, il faut donc, écrivait-il à Anglade, en 1851, subir l'outrage, l'infamie, le déshonneur que les ennemis de République voudraient déverser sur la mémoire de ceux qui l'ont proclamée, qui ont contribué de tous leurs efforts à son instauration. » Et, après avoir discuté chiffres, il ajoutait : « Faut-il maintenant prendre au sérieux les clameurs échevelées des réactionnaires et la calomnie, qui, dès le principe, sans prétexte aucun, s'est déchaînée contre

(1) Gaigne, éd., Marseille. Le verso porte la signature de Pilhes avec ces mots : « Citadelle de Belle-Isle-en-Mer, septembre 1851. » Ce document nous a été communiqué par l'imprimerie Gadrat, Foix.

(2) Communication de M. Calvet, grand hôtel. Aulus (Ariège).

(3) *Moniteur*, 26 avril 1849.

les vrais républicains, contre moi notamment? Ah!
ma conscience est tranquille, aucun cri ne viendra
jamais ajouter aux langueurs du rocher de Belle-Isle
le moindre trouble, le plus léger remords. » Et il
affirme, malgré tout, sa foi en l'avenir. « Écoutant
surtout les aspirations de mon cœur, j'ai en tout
temps accompli mon devoir. Au lieu d'éprouver ici
la persécution et les rancunes politiques d'un homme
sans nom, je pourrais, comme tant d'autres, mais
honteusement, jouir de ma part d'intrigues et de
trahisons, me délasser et récréer mes jours. Mais je
suis tombé victime de mon dévouement et de mes
ardentes convictions, je suis tombé en défendant la
Constitution de mon pays, en sacrifiant à la République mes veilles, ma jeunesse, mon patriotisme et ma
liberté. Qu'importe? Elle ne tardera pas à sonner
l'heure de l'implacable justice qui mettra fin, il faut
l'espérer, aux turpitudes des tristes temps où nous
vivons. Adieu, mon cher Anglade, adieu. » Au fond,
malgré ces déclarations, le découragement, la décep-
tion percent chez l'exilé. « Plus rien ne m'étonne
aujourd'hui, dit-il dans la même lettre, je m'attends
à tout. Après dix ans de luttes et d'expérience, je
connais la valeur des partis, je n'ai plus d'illusions
sur les hommes et si je cherche avidement dans
la foule sur qui reposer mes regards, je ne puis
m'empêcher de répéter avec le poète de l'antiquité :
« *Apparent rari nantes in gurgite vasto.* » (1).

(1) Lettre à Anglade, déjà citée.

CHAPITRE XII

Pilhes et Proudhon.

Mais Pilhes peut compter, encore une fois, sur l'amitié agissante de Proudhon. Le grand écrivain socialiste s'est mis en campagne en vue d'obtenir le transfèrement de Pilhes et de Langlois. Grâce à ses instantes démarches, ses deux amis sont transférés, en 1851, de Belle-Isle à Sainte-Pélagie où se trouve déjà leur camarade Vauthier. A chacun d'eux est attribuée une des belles chambres du Pavillon (1). Afin d'améliorer le sort de Pilhes et de Langlois, Proudhon n'a pas craint de s'adresser au prince Napoléon. Démarche bien délicate. Les bénéficiaires de la mesure en sont un peu confus. Colère de Proudhon. « J'ai eu peu à me féliciter de mes démarches, écrit Proudhon. C'est à peine si, aujourd'hui, ceux que j'ai servis, malgré mes répugnances et au prix même d'une certaine portion de ma dignité, me conservent l'estime à laquelle j'ai droit. Le puritanisme de ces

(1) Darimon rencontra souvent dans leur cellule le romancier Bratiano, « un Orsini au petit pied ». Darimon. *Les cinq sous l'Empire,* p. 196.

martyrs est plus intraitable que jamais ; et pendant qu'on me déchire à Paris, à Londres, à Belle-Isle pour les visites que j'ai faites à Napoléon, Maupas, etc. dans un but de dévouement, ceux qui me devraient amitié et reconnaissance, loin de me défendre, ne semblent occupés qu'à se justifier aux yeux des amis de là-bas d'un transfèrement auquel, disent-ils, ils sont totalement étrangers. Depuis un mois je ne vais plus à Sainte-Pélagie et n'y retournerai peut-être jamais. Je n'ai que faire d'entretenir des liaisons avec des gens qui tiennent plus à la bonne opinion de mes calomniateurs qu'à la mienne. » (1)

Mais Proudhon reste fidèle malgré tout à ses amis. « Les deux mains percluses de rhumatismes ainsi que les coudes et les épaules », à la suite de sa propre captivité, « rejeté violemment dans une carrière socialiste et littéraire » pour n'avoir « pu se recaser dans le commerce » (2), il revient à la charge afin d'obtenir la libération de Pilhes et de Langlois. Sollicité par Proudhon et l'un de ses amis, probablement Darimon, le prince Napoléon écrit à Persigny, puis l'entretient personnellement de cette affaire. Trois ministres : Persigny, Abattucci, Maupas sont intéressés à cette libération. Proudhon met Pilhes au courant soit directement, soit par l'intermédiaire de

____

(1) Proudhon, *Corresp.*, t. IX, appendice à M. et Mᵐᵉ Suchet 1851 (sans autre indication).

(2) Ibid., t. V, à Madier de Montjau, 10 nov. 1852.

leur vieil ami Hodé (1). En juillet 1853, Pilhes était libéré (2).

Il alla remercier le prince Napoléon au Palais-Royal. Celui-ci aurait offert à son ancien collègue à la Législative un consulat général et Pilhes l'aurait refusé (3). L'attitude de Pilhes nous paraît vraisemblable.

Quoiqù'il en soit, au cours de l'année 1854, l'ancien représentant du peuple « en brave et loyal garçon » est rentré dans les affaires et a repris son métier de voyageur de commerce pour le compte de la maison de rouennerie Boissaye, 8, rue du Sentier (4).

A la fin de l'année 1855, Pilhes est amené à présenter une réclamation au gouvernement. Présentait-il cette réclamation à l'effet de se faire restituer ses biens qui avaient été confisqués ? Nous ne pou-

(1) Ibid. t. V, à Suchet, 24 mars 1853, à Hodé, 1853. Darimon a été également mêlé à ces démarches. Cf. *Histoire d'un parti Les Cinq sous l'Empire*, Dentu, 1885, p. 196 : « Langlois, Pilhes et Vauthier dont j'avais obtenu le transfert à Sainte-Pélagie. » Blanqui mentionne dans ses *Papiers* la délivrance de Pilhes et de Langlois.

(2) Commissaire, op. cit., p. 87.

(3) Renseignement communiqué par Aristide Pescaire.

(4) « Est-ce un modèle de lettre au Prince que demande P... », écrit Proudhon à Darimon, « ou bien veut-il, après avoir fait lui-même des visites, qu'on lui écrive pour lui, ce qui lui répugne à dire ? Le premier cas me semble seul possible, loyal, logique et honnête en l'état, le deuxième est ridicule et je ne m'y prêterai pas. » Il est nécessaire que Pilhes signe « la réclamation » sans quoi il en subsisterait quelque chose de honteux et de faux qui est blessant pour le prince et peu favorable au réclamant ». (*Corresp.*, t. VI, à Darimon, 22 nov. 1855.)

vons le dire. C'est encore au prince Napoléon que s'adresse Pilhes. Pilhes eût désiré que la demande fût rédigée par Proudhon. Proudhon se refuse à écrire pour lui, « ce qui serait ridicule », mais consent à rédiger une note que Pilhes devra mettre en style direct et signer (1).

Malgré ces diverses démarches, faites à son corps défendant, l'ancien déporté de Belle-Isle avait conquis, au dire de Proudhon, « par la franchise de sa position et de sa conduite, l'estime de tous ceux qui le connaissaient ». Cependant, pour quelques-uns, des doutes subsistent. Pilhes a été gracié à la suite de l'intervention du prince Napoléon. N'aur..it-il pas trahi son parti ? En 1856, l'ancien déporté est à Nantes, à l'hôtel des Voyageurs. On le trouve souvent en Bretagne où il compte de nombreux amis et où il vend « force calicot ». Le bruit court que le docteur Clémenceau l'a accusé d'avoir crié « Vive l'Empereur ! » En tout cas, le docteur Clémenceau déclare qu'en raison de certaine démarche (2), Pilhes doit être tenu pour suspect et il invite M. Perrot de Fontenay à retirer « à cet homme la part d'estime et d'amitié accordée jusqu'à ce jour ». Pilhes, dans une lettre indignée, demande réparation par les armes. Des témoins sont constitués. Le duel doit avoir lieu

(1) Proudhon, *Corresp.*, t. VI, à Suchet 19 déc. 1854. La maison Boissaye, affirme Proudhon, « est satisfaite des services de Pilhes ».

(2) S'agirait-il des visites faites par Pilhes au prince Napoléon ? Cf. Proudhon, *Corresp.* à Darimon, 22 nov. 1855.

le 23 décembre, à deux heures ainsi que Pilhes le fait savoir à Proudhon. Proudhon, inquiet, s'informe, il écrit à Darimon, le prie de consulter à ce sujet les journaux et les correspondances, charge un ami d'écrire tout de suite à Nantes. Le duel n'a pas lieu, le docteur Clémenceau retire les termes de sa lettre, les témoins arrangent l'affaire (1).

Par son attitude intransigeante à l'égard de la politique de l'Empire, Pilhes devait montrer d'ailleurs qu'il restait digne de la confiance des républicains.

***

Plus que jamais, Pilhes est le fidèle disciple de Proudhon. Plus que jamais, Proudhon sert de Mentor à Pilhes et, au besoin, pour les affaires commerciales, de garant. En 1856, le voyageur de la maison Boissaye veut-il obtenir des capitaux pour prendre la succession de la maison Hovyn et Lorraine et devenir l'associé de Lorraine dans ce magasin qui

(1) Le procès-verbal constate « qu'il n'y a là qu'un jugement sur une démarche de M. Pilhes à laquelle le docteur Clémenceau avait donné un caractère politique qu'elle n'avait pas au dire de Pilhes ». Nous possédons dans nos archives la lettre de Pilhes au docteur Clémenceau, ainsi que le procès-verbal dressé par les témoins. Nous remercions ici M. Pilhes, receveur des postes à Seix (Ariège), neveu de V. Pilhes, qui a bien voulu nous mettre en possession de ces pièces ainsi que de divers documents. D'après les renseignements que nous a communiqués M. Gustave Geffroy, le docteur Clémenceau était le père de M. Georges Clémenceau, ancien président du conseil. Cf. Proudhon, *Corresp.*, à Darimon le 24 déc. 1856.

fait, pour le calicot, un million d'affaires ? C'est Proudhon qui lui cherche des prêteurs, le recommande à Beslay, l'industriel démocrate, facilement porté à ouvrir sa bourse aux hommes de son parti (1). C'est Proudhon, exilé à Bruxelles, qui fait pour Pilhes, dès 1861, des offres de commission à un industriel belge ; c'est encore lui qui s'efforce de le mettre en rapports avec une maison anglaise (2), qui même fait des démarches pour procurer des ressources aux amis de son fidèle lieutenant.

De son côté, Pilhes est « le brave » prêt à rendre service même « à ses risques et périls ». Il est l'agent sur lequel on peut compter en toute circonstance.

En 1858, Proudhon, à la suite de la publication de son grand ouvrage, *De la justice dans la Révolution et dans l'Église*, est obligé de s'exiler en Belgique. Dès les premiers jours de son arrivée à Bruxelles, il écrit à Pilhes (3) pour lui confirmer « son plan de conduite ». Résolu à ne rentrer que dans le cas « d'une amnistie large et généreuse », il cherche, avec son ami, « les moyens d'utiliser son exil ». Au lieu de gros livres, il écrira désormais des brochures de 250 à 350 pages. C'est Pilhes qui répandra

(1) « Pilhes est un vendeur de première force », déclare Proudhon, disposé lui-même à joindre en garantie les fonds qui pourraient provenir de la réimpression de ses publications, soit une vingtaine de mille francs. Proudhon, *Corresp.*, à Beslay, 18 nov. 1861.

(2) Ibid., t. XI, à Victor Pilhes, 26-avril 1861.

(3) Il arrive à Bruxelles le 18 juillet. Il écrit à Pilhes le 25 juillet. *Corresp.*, t. VIII.

ces écrits. « Préparez donc, lui écrit-il, les voies avec discrétion et discernement, n'ayez, s'il est possible, par ville, qu'un homme, mais sûr et qui ne garde rien chez lui... Assurez-vous, à Paris, un petit nombre de dépositaires sûrs, vous savez qu'il n'y a rien à craindre pour le destinataire qui n'est pas censé savoir ce que contiennent les colis, tant que les colis n'ont pas été ouverts et qu'il n'a pas accepté la marchandise. Les objets reçus, il s'agira de les distribuer et d'opérer le remboursement, ce à quoi, je présume, vous saurez pourvoir. » Et il recommande à son correspondant la prudence. « Cayenne — lui rappelle-t-il — c'est la peine qui atteint le propagateur de libelles ». « Soyez plus circonspect que jamais, songez que votre parole est engagée et que vous me tueriez s'il vous arrivait malheur. »

Lorsque Pilhes s'est aventuré en Belgique, c'est avec joie que Proudhon et sa famille apprennent son retour sans incident en France (1). C'est encore Pilhes qui fait rentrer les remboursements en retard, qui démêle, au besoin, les affaires avec les libraires et, « s'il y a quelque embarras », sait y mettre ordre (2). A Paris même c'est Gouvernet,

(1) « Votre lettre du 15 courant, écrit-il à Pilhes, nous est arrivée en bon délai et nous a fort réjouis. » Proudhon et sa famille avaient déjà appris par Garnier jeune, libraire, « les circonstances de la rentrée. « Cette nouvelle nous a tirés de la peine. » *Corresp.*, t. XI, à V. Pilhes, 26 avril 1863.

(2) **MM.** Garnier frères sont invités à s'entendre avec Pilhes, de même l'éditeur Hetzel. *Corresp.*, t. XI, 26 avril 1861, à V. Pilhes ; t. XII, 15 mars 1862, à Pilhes.

autre grand ami de Proudhon, qui est le principal correspondant : il fait passer les lettres, les paquets aux intéressés et parfois sert d'intermédiaire entre Pilhes et l'écrivain socialiste. Pilhes reste surtout « le voyageur » se déplaçant à travers toute la France (1).

Il continue, d'autre part, à être le confident politique de Proudhon, à recevoir les inspirations de celui qui s'intitule lui-même son « vieux chef de file ». Proudhon, vers 1862, entretient Pilhes de Garibaldi, des affaires de Pologne, de Hongrie, de la politique anglaise, de l'évacuation éventuelle de la Syrie, de la nouvelle arrestation de Blanqui (2). Constamment, il l'engage à se défier « des vieux de la rouge », « des soi-disant démocrates » ; il lui dénonce la démocratie « jacobinique et *chauvinique* qui commence à être signalée comme la plaie de l'époque et le véritable ennemi qu'il faut combattre. Tenez pour certain, lui dit-il, que là est la dernière forteresse du despotisme » (3).

(1) Nombreuses lettres à Gouvernet, particulièrement celles du 26 mai 1859, t. IX ; du 17 juin 1861, t. XI. « Ecrivez quelquefois de ma part au voyageur... », 3 mai 1860 à Gouvernet. Le 23 juillet 1860, Proudhon écrit à Gouvernet : « Avez-vous enfin des nouvelles du voyageur ? » t. X, p. 102. Sur l'utilisation des voyageurs de commerce par l'opposition, cf. Vergez-Tricom, Révol. de 1848, t. XVII, p. 357-358. *L'esprit politique à Lyon et dans le département du Rhône, 1851-1852.*

(2) Proudhon, *Corresp.*, t. XI, 26 avril 1861, à V. Pilhes ; t. XII, 15 mars 1862, du même.

(3) Proudhon, *Corresp.*, t. VIII, 25 juillet 1858, à Pilhes ; t. XI, 26 avril 1861, au même.

Pilhes et Proudhon ne cessent de s'entretenir de leurs amis politiques communs. Proudhon parle des exilés qu'il a rencontrés, de Joigneaux, d'Edgard Quinet, de Deschanel « qui jouissent de la considération générale », « du vieux Joly » l'ancien commissaire général de la région de Toulouse, l'ancien représentant du peuple, l'un des chefs de la démocratie du Sud-Ouest dont Pilhes avait été, dans l'Ariège, le subordonné peu docile ; de Considérant, de Madier de Montjau, de l'ami Fargin-Fayolle l'un des co-accusés de Pilhes devant la Haute-Cour de Versailles, de Gambon « devenu excellent », « d'une hottée de républicains » (1). Egalement le nom de Pilhes revient sans cesse dans les lettres à Beslay, à Darimon, à Gouvernet.

De son côté Pilhes, au cours de ses voyages, apporte des nouvelles des amis : de passage à Marseille, il annonce qu'il a vu Suchet, vieux compagnon de luttes (2) ; de passage à Bordeaux, il entretient ou provoque les sympathies en faveur de l'exilé et de cette ville partent en Belgique, à l'adresse de Proudhon, des pièces de vin particulièrement appréciées. Il se constitue ici un noyau d'admirateurs auxquels l'écrivain ne manque pas d'adresser lettres et publications (3). En toute circonstance, Pilhes se porte

(1) *Ibid.*, t. VIII, 25 juillet, à Pilhes.
(2) *Ibid.*, t. VII, 18 novembre.
(3) *Ibid.*, t. XI, 26 avril 1861, à Victor Pilhes ; t. X, 13 juin 1860, à Gouvernet ; 24 août 1856, à Ballande. Buzon et Ballande, de Bordeaux, deviennent des correspondants assidus de Proudhon.

garant du dévouement des uns, de la bonne foi des autres (1).

Aux élections de 1863, lorsque Proudhon rentré en France veut constituer un comité abstentionniste il fait appel au concours de ses amis. Pilhes ne figure pas dans ce comité, au sein duquel Langlois, Beslay, Duchêne représentent les tendances proudhoniennes. Mais il agit dans la coulisse. C'est de lui que proviennent maints renseignements et c'est par son intermédiaire, au cours de ses tournées en province, que l'on espère obtenir des adhésions (2). En présence de Pilhes est lue la lettre d'un de ses compatriotes, Amiel de l'Ariège, victime du deux décembre, exilé en Espagne, qui proteste contre la politique d'abstention (3). Certes Pilhes, constamment porté à combattre, dut plus d'une fois ronger le frein, mais en définitive il reste toujours disposé à seconder Proudhon.

(1) C'est Pilhes qui se porte garant des bonnes intentions d'Audebrand à propos de l'incident de la lettre à l'écuyère qui contraria si fort Proudhon mystifié. « Pilhes, écrit-il à Audebrand, notre ami commun qui devait me conduire à vous sans la précipitation de son départ, m'a renouvelé à plusieurs reprises, dans les termes les plus chaleureux, l'assurance que je pouvais voir en vous un véritable ami. » (*Corresp.*, t. VII, 12 sept. 1856, à Audebrand.)

(2) Ibid., t. XIII, 20 mai 1863, au docteur Dupas : « J'apprends par Pilhes que la composition du comité d'abstention et la pensée principale qui domine dans son manifeste vous a exaspéré au plus haut degré. » Dans une lettre à Beslay du 21 mai 1864, Proudhon exprime l'espoir que « Pilhes, qui va recommencer sa tournée » apportera de nouvelles adhésions.

(3) La réponse de Proudhon est âpre et sarcastique. *Corresp.*, t. XIII, 20 mai 1863, à Amiel.

*
* *

A toutes les époques, les relations personnelles entre Proudhon et Pilhes sont des plus intimes et des plus cordiales. A peine quelques petits nuages vite dissipés.

Dans les grandes circonstances de la vie de Pilhes, Proudhon est toujours là. Joies et deuils de famille sont partagés. La belle-mère de Proudhon meurt en 1856 : Pilhes est l'un des premiers avertis (1). La mère de Pilhes s'éteint en sa maison de Tarascon (Ariège), le 16 décembre 1858. L'ancien déporté « n'avait plus rien au monde... que sa vieille mère ». Proudhon lui écrit de Bruxelles pour le consoler (2).

En 1860, Pilhes songe à se marier en Bretagne : il invite Proudhon, exilé, à sa noce. Qu'il se munisse, s'il le faut, d'un sauf-conduit. « Votre discernement politique, déclare Proudhon, s'est fourvoyé. » On n'accorde pas un sauf-conduit « à un réfractaire, à un homme qui s'est soustrait à la justice » (3). Et Proudhon de s'étonner que Mlle G..., la future qu'on lui a dépeinte « si prudente et si sage », ait donné à Pilhes

(1) Proudhon, *Corresp.*, t. VII, à Darimon, 2 mars 1856.

(2) *Ibid.*, t. VIII, à Gouvernet, 5 janvier 1859 ; *Registre des décès* de la commune de Tarascon, année 1859.

(3) On sait que Proudhon s'était retiré à Bruxelles à la suite de la condamnation de son livre *De la justice dans la Révolution et dans l'Eglise.*

son consentement. « Enfin, le oui est prononcé, la discrète jeune fille se donne à un déporté politique, à un homme qui n'a pas dit encore adieu à la politique. Puisse-t-elle ne jamais s'en repentir ! » Et il lui donne les conseils d'un ami que l'expérience a mûri. « Vous, l'homme de passion, dit-il, (prenez ceci très sérieusement pour un éloge) laissez-vous tempérer le plus qu'il se pourra par le calme et la raison de votre femme... Enterrez-vous dans le travail... oubliez un temps le reste. » (1). Le mariage n'eut pas lieu. Faut-il trouver dans cette circonstance ou dans les conseils un peu hardis de Proudhon la raison du silence de Pilhes pendant les six mois qui suivirent ? Le 11 janvier 1861, Proudhon écrit à son ami : « Mon cher Pilhes, si je pouvais croire que vous êtes encore de mes amis, je vous dirais que vous êtes un *Jean-fesse,* mais attendu que je ne sais plus que penser de vos sentiments, je me borne à vous demander le plus fraternellement du monde, à quoi je dois ce silence qui date, à cette heure, de plus de six mois. Ma femme, mes petites filles me demandent ce que je vous ai fait, que vous ne donniez plus de vos nouvelles ; que voulez-vous que je leur réponde ? J'ai beau sonder ma conscience, je n'y trouve pas de

---

(1) Il lui donne le conseil « de faire de sa femme un second lui-même ». « Puissiez-vous bien la convaincre qu'il ne s'agit pas pour vous d'une vaine fantaisie, mais de vos plus sincères et plus intimes convictions... ». « Du calme, ajoute Proudhon, plus que jamais de la prudence, de la résignation. » *Corresp.*, t. IX, à V. Pilhes, le 28 juillet 1860.

péché... Est-ce par hasard que m'ayant annoncé en juin votre visite pour juillet et n'ayant pu l'effectuer, vous craignez que je vous accuse de hâblerie ? Comme si je ne savais pas que vous ne disposez pas absolument de vous et que je ne connaisse point les hasards de la vie des voyageurs... » Et il lui donne l'assurance qu'il n'est pas oublié. « Tout l'été et l'automne dernier, dit-il, j'ai eu l'occasion de parler quelquefois de vous » (1).

Pilhes est l'ami de toute la famille. Mme Proudhon « l'aime comme un frère » (2). A Bruxelles, toute la maisonnée réclame son portrait « depuis longtemps attendu ». « Ma femme, écrit Proudhon, attend votre image pour en faire ce qu'elle appelle un passe-partout et la mettre dans la galerie des célébrités dont nous faisons collection. » Certes, la vie est dure à la famille exilée. On s'est installé à Bruxelles tant bien que mal ; madame Proudhon ne cesse de regretter son petit appartement de Paris, « son lit et sa commode », de se plaindre de son mal au sein ; les enfants, Catherine et Stéphanie, encore bien jeunes, sont en proie à toutes les maladies ; Proudhon travaille « comme un forçat » ; « horriblement fatigué, épuisé, catarrhisé », il est réduit parfois « à faire le service de cuisinier, d'infirmier et de

(1) *Corresp.*, t. X, à Pilhes, 11 janvier 1861. « R... est établi à Paris, rue Fontaine-Saint-Georges. Il est chargé de vous serrer la main pour moi si vous ne la lui refusez pas. »

(2) Proudhon, *Corresp.*, t. III, 25 mai 1850, à Langlois.

femme de ménage » et, pressé par le besoin d'argent, à demander sans cesse de nouvelles avances à ses éditeurs. Mais on réserve au vieil ami, lorsqu'il viendra, « une des plus fines bouteilles de Bordeaux qui se puisse offrir à un palais de commis-voyageur ». Au début de 1862, on attend « le cher voyageur », en tournée à Lille. « Osez pénétrer jusqu'ici, lui écrit l'exilé, et l'on tâchera de vous recevoir avec une soupe, une bouteille de vin blanc, bouteille de vin rouge, ale anglaise et liqueur de ménage... On a de tout. » Et voici Pilhes dans la famille amie : Proudhon racontant ses projets au milieu de quintes de toux, madame souffreteuse, usée, bien que de quatorze ans plus jeune que son mari ; Catherine, l'aînée des enfants, « très bonne fille, docile, aimante, gaie, mais très peu précoce », « affairée, venant en aide à sa maman ; Stéphanie, plus jeune « d'un physique plus avantageux » mais d'une humeur plus difficile et peut-être d'une santé moins solide (1).

Nous retrouvons Pilhes au chevet de Proudhon mourant. De retour en France depuis le 17 septembre 1862, le grand théoricien socialiste s'est installé à Passy, 10, Grande-Rue. Depuis longtemps malade,

(1) *Ibid.*, t. VII, à Beslay, 10 déc. 1858 ; à Gouvernet, 26 octobre 1859 ; 2 juillet 1860 ; 23 juillet ; t. X, à Neveu, 28 oct. 1861 ; t. XII, à V. Pilhes, 15 mars 1862.

accablé, il sent venir la mort. « Au reste, écrit-il le 3 octobre 1864 à Buzon, son ami de Bordeaux, nous sommes tous frappés : Pilhes le tonitruant comme vous dites, frappé, vous même que je croyais invulnérable, frappé et combien d'autres autour de moi... Si je continue à dépérir comme j'ai fait depuis deux mois, je doute que je puisse arriver au printemps. » A partir de la deuxième quinzaine de décembre 1864, il se refuse à manger. « La mastication le fatigue et l'étouffe »; ses jambes sont enflées, il ne marche plus ; ses pieds et toutes les parties de son corps « sont dans la même exaspération tétanique ». Dix docteurs tour à tour « auscultent, percutent, tapotent », Maguet, Cretin, Clavel (1). Pilhes arrive, le 27 décembre, accompagné du docteur Gaudin, venu « sur ses instances ». Proudhon « était étendu dans un fauteuil en proie à un accès de dyspnée... les yeux étaient légèrement hagards ; une lividité assez marquée des joues et des lèvres ; la voix n'était pas altérée, mais elle était haletante et entrecoupée ». Le docteur déclare que Proudhon est atteint « d'un emphysème pulmonaire à forme chronique compliqué d'un état hypertrophique du cœur et d'œdème des membres inférieurs. Cette complication est la conséquence de l'ancienneté de l'affection, de la violence des derniers symptômes... Il est bon d'ajouter

(1) *Ibid.*, t. XIV, à Buzon, le 3 oct. 1864 ; à Cretin, 22 décembre (écrite par Catherine Proudhon) ; au docteur Maguet, 4 janvier 1865.

que la prédisposition a pu jouer un certain rôle, surtout chez M. Proudhon dont la vie a été parsemée de luttes incessantes et d'émotions très vives... L'emphysème pulmonaire est essentiellement chronique, mais les complications du côté du cœur peuvent amener tôt ou tard une terminaison funeste. » Et le docteur Gaudin prescrit « une médication raisonnée », formule un traitement (1). Mais le malade était fortement atteint et, malgré les soins les plus énergiques et les plus divers, succombait, une vingtaine de jours après, le 19 janvier 1865.

Pilhes, malade lui-même, avait vainement essayé d'arracher à la mort son vieil ami. L'ancien représentant de l'Ariège ne cesse de veiller sur la famille laissée sans ressources. Il fut, en même temps que Chaudey, l'exécuteur testamentaire de Proudhon (2); il organisa en faveur des siens des manifestations publiques (3). Il défendit sa mémoire.

C'est en particulier à Victor Pilhes, dépositaire des plus intimes souvenirs, que s'adresse Sainte-Beuve préparant son étude sur Proudhon. Pilhes confie d'abord à Sainte-Beuve vingt-six lettres. L'il-

(1) Nous possédons dans nos archives le rapport du docteur Gaudin, daté du 28 décembre 1864. Ce document inédit nous a été transmis par M. Pilhes, neveu de V. Pilhes.

(2) Albert Tournier : *Victor Pilhes*, « République de l'Ariège » du 12 nov. 1882 ; cf. Pescaire, *Notes manuscrites sur V. Pilhes*.

(3) Lettre de Faustin Pescaire à Pilhes le 12 février 1866. Pilhes organisa une souscription en faveur de la famille de Proudhon (Papiers de V. Pilhes).

lustre critique demande ensuite une entrevue à l'ami de Proudhon. Il promet « de faire tomber pour lui toutes les consignes ». Pilhes, alors en tournée à Cherbourg, ne peut se rendre à l'invitation. Il eût désiré, affirme-t-il, remercier de vive voix « au nom de son ami » l'auteur d'une première étude. Quant à juger lui-même la doctrine, « la nouveauté des idées de Proudhon », il se récuse. Mais au point de vue politique, il se porte garant « de la sincérité et du désintéressement » de son ami. « Je n'ai qu'une chose à vous dire, ajoute-t-il, dont vous serez pénétré par la lecture de la correspondance de quelque part qu'elle vienne, c'est que Proudhon est un vrai Français, aimant sa patrie par dessus tout ; que n'appartenant à aucun parti, il a combattu le préjugé sous toutes ses formes ; que, relevant seulement de ses principes et de ses idées, il en a poursuivi toutes les déductions avec tout le courage et la sincérité de sa nature, comme avec tout le désintéressement d'un homme que rien n'attache à ce monde ; qu'enfin le mal qui l'a conduit prématurément au tombeau a commencé en 1848 par les émotions les plus fortes et par une indignation qui n'a fait que grandir toujours. Sachez bien que depuis cette date, chaque jour lui a donné ses moments, ses heures entières de surexcitation et même de colère. A tout échec essuyé par la Révolution, c'était un coup de poignard au cœur. Vous devinez ou vous savez assez le reste.

Son souvenir et ses exemples me suivront toujours. Proudhon a été non seulement une grande intelligence, mais il a été un grand cœur et surtout une noble conscience... » (1). Et Pilhes « se décide » à donner à Sainte-Beuve une autre lettre de Proudhon restée, depuis 1858, dans une liasse qui l'a toujours suivi (2).

*
* *

En toute circonstance Pilhes fut l'ami, le confident de Proudhon. Nous avons vu jusqu'à quel point il. fut son disciple, jusqu'à quel point il partagea les idées de « son chef de file ». Son tempérament l'emportait souvent au-delà des conceptions du théoricien socialiste. Pilhes, en effet, était plus homme d'action que d'idées, toujours prêt à se dévouer, aujourd'hui lieutenant de Proudhon, demain lieutenant de Blanqui. Pilhes fut surtout l'ami qui, à certaines heures, donna du courage à Proudhon en butte aux attaques de tous les partis, assailli de bonne heure par l'inexorable mal qui devait l'emporter.

(1) Papiers de V. Pilhes. Lettre de Pilhes citée en partie dans *Papiers et souvenirs de V. Pilhes à Aulus*, par Ph. Morère *(Ariège pittoresque*, 25 sept. 1913). Pilhes déclare qu'il est obligé de se mettre en route pour Caen afin de régler un marché. « La nouvelle de la cession de la Vénétie, ajoute-t-il, a réveillé les affaires. » La lettre est datée du 11 août 1866. La lettre de Sainte-Beuve est datée du 3 août.

(2) « Cette lettre, dit Pilhes, ne vous dira rien que vous ne sachiez sur les idées morales de Proudhon. Mais elle pourra vous servir à connaître l'état de son esprit pendant son exil. »

On comprend, dès lors, la réelle affection que Proudhon réserva en toute circonstance à son fidèle second. Certes, il ne méconnaît pas ses défauts, ses violences, ses excès, son caractère tout de passion, ses allures de tribun « tonitruant ». Il ne prend pas toujours au sérieux les diverses entreprises dans lesquelles il se lance, tout « en laissant passer les bonnes occasions ». Il connaît le désordre de ses affaires, les négligences, les erreurs, les exagérations de « ce blagueur de P... » (1). Mais, d'autre part, il apprécie le dévouement chevaleresque « de ce brave et loyal garçon », « ce brave de la démocratie laborieuse qui ne reculerait pas d'une semelle devant un gentilhomme » (2). Il s'apitoye « sur cette âme si souffrante ». « Pilhes, écrit-il à Langlois, est une âme de feu que la vue ou seulement l'apparence de l'injustice et de la nature humaine consume et tue... Pilhes est un homme à qui je reviendrais toujours quelles que fussent ses violences et ses erreurs... C'est un Achille, vous dis-je, il faut l'aimer dussiez-vous en souffrir » (3). « P..., écrit-il à Gouvernet, est

(1) Pilhes parle-t-il de fonder une société de banque en Espagne ? Ce projet a tout l'air, pour Proudhon, « d'un château en Espagne. » Il se défie, à cet égard, des promesses d'un P... *Corresp.*, t. VII, à Beslay, 13 octobre 1856. On apprend à Proudhon que Pilhes est souscripteur dans une affaire d'assurances rurales pour cent actions de mille francs. « Il n'a pas, dit-il, cent mille sous liquides », ibid., IX, à Gouvernet, 22 janvier 1859.

(2) *Ibid.*, t. VI, à M. et Mme Suchet, 19 déc. 1854, t. VII, novembre 1856.

(3) *Ibid.*, t. IV, 14 août 1851, à Langlois.

un Achille, extrême en tout, même dans la douleur » (1). Et l'ancien représentant du peuple, l'ancien déporté de Doullens et de Belle-Isle se rend compte lui-même de la nature de l'affection que lui témoignait le grand écrivain socialiste : « Homme de bonne volonté, dit-il, aussi passionnément attaché comme je le suis à tout ce qui est grand, beau et vrai, voilà ce que j'ai été aux yeux de Proudhon » (2).

Pilhes encourageait Proudhon, le secondait dans ses entreprises, lui suscitait des sympathies ; Proudhon calmait Pilhes, refrénait ses ardeurs combattives, se montrait indulgent pour ses incartades de grand enfant (3). « D'où une amitié de vingt ans, à travers lesquelles, dit Pilhes, nos aspirations, nos joies, nos espérances ont toujours été communes » (4).

(1) *Ibid.*, t. VIII, à Gouvernet, 5 janvier 1859.
(2) Lettre à Sainte-Beuve déjà citée.
(3) « Le grand Pilhes », écrit-il à Buzon, 7 janvier 1862, t. XI.
(4) Lettre à Sainte-Beuve.

CHAPITRE XIII

L'opposition à l'Empire. — Le 14 août et le 4 septembre.

Sous l'Empire, Pilhes ne cesse de faire figure d'opposant. Au élections de 1857, il approuve la candidature des Cinq, et se réjouit de leur succès. Il écrit à son ami Darimon pour le féliciter de son élection et lui faire connaître, à ce sujet, le sentiment des républicains de province.

« Les élections de Paris, dit-il, ont produit en province un effet immense... C'est en toi que les socialistes ont vu la Révolution reparaître, le peuple revivre, le mouvement recommencer. Chacun veut et entend que l'opposition entre au Corps législatif ne fût-ce que comme sentinelle » (1).

En 1863, à côté de Proudhon, il prêche au contraire, nous l'avons vu, sans grande conviction

(1) Darimon, *Histoire d'un parti. Les cinq sous l'Empire.* Lettre datée de Guingamp, le 21 août 1857, p. 69. Chaubard, de Toulouse, ancien membre des sociétés secrètes, « ami de Proudhon et de Pilhes », adresse également, de Boulogne, son approbation.

d'ailleurs, une abstention méprisante. Mais c'est surtout à la fin de l'Empire, quand sonne le réveil républicain, que l'on voit reparaître Pilhes le combattant.

En octobre 1868, Chassin, Xavier de Ricard, Edme Champion, lancent un appel pour fonder la *Démocratie,* revue politique, sociale, littéraire èt scientifique de la semaine, destinée à grouper les éléments avancés. Pilhes est l'un des fondateurs : il souscrit deux actions et son nom figure à côté de ceux d'Eugène Despois, de Jules Barni, de Cluseret, d'A. Esquiros, de Gambon, anciens représentants du peuple, d'Emile Deschanel, d'Anatole France. Ses articles voisinent avec ceux de Cluseret, Pierre Vinçard.

En 1869, ont lieu les élections générales. Il y a dans tout le pays un réveil républicain. Pilhes, appelé peut-être par quelques partisans, ainsi que semble le faire croire une de ses lettres datée du 9 mai, songe un moment à poser sa candidature dans l'Ariège. Mais ici, comme ailleurs, depuis 1848, le parti républicain a évolué : la direction politique de l'opposition républicaine est passée à Ernest Joffrès, avocat de Foix, qui, dès 1868, profitant des dispositions législatives nouvelles, a fondé un journal de nuance modérée (1). Ernest Joffrès est le fils

---

(1) *Papiers d'Anglade,* lettres d'Ernest Joffrès à Anglade, 8 et 12 juillet 1868 : il lui demande l'appui de sa haute influence. Il peut

de celui qui, en qualité de procureur de la République, s'était dressé contre Pilhes, commissaire du Gouvernement provisoire. Un comité, réuni chez lui, a offert la candidature, pour les deux circonscriptions électorales, à Arnaud de l'Ariège. Pilhes dénie à ce dernier le droit de représenter ce qu'il appelle « les aspirations révolutionnaires du pays ». Le désaccord est ancien, nous le savons, entre les deux hommes. « L'un, affirme Frézoul, futur sénateur de l'Ariège, alors au début de sa carrière politique, philosophe doux et un peu mystique, l'autre, homme d'action et révolutionnaire. »

Pilhes préconise la formation d'un comité qui devra se réunir « ailleurs que dans les salons d'un Joffrès ». Au besoin, il se contentera d'un noyau d'amis pour le soutenir, ou même il agira isolément. Le 1er mai, il écrit à ses amis, à ceux qui représentent l'élément avancé, ou qui simplement jouissent de l'estime des républicains, à Lasbaysses plus tard député de l'Ariège, à Pujol, de Varilhes, à Rousse, de Foix qui ont fait leurs preuves en 1848, à Pons-Tande, à Anglade ses anciens collègues, au docteur Frézoul qui vient de faire paraître dans l'*Emancipation*, de Toulouse, une série d'articles reflétant l'état d'esprit de la nouvelle génération. Pilhes se flatte

compter, affirme-t-il, sur F. Arnaud, Vignes, Pons-Tande, etc. Les candidatures éventuelles d'Arnaud ou d'Anglade y sont envisagées. A partir d'août 1868, parut effectivement, deux fois par semaine, le *Journal de l'Ariège*, Foix, Gadrat, dirigé par E. Joffrès.

d'avoir « le concours » de Peyrat, l'appui de la *Démocratie*, du *Réveil*, du *Siècle*, du *National*, du *Temps* « voire même celui du *Figaro* ». On manœuvre, affirme-t-il, à Paris pour qu'Arnaud retire sa candidature (1).

Manœuvres inutiles, démarches inopportunes, réponses probablement évasives. Pilhes peu porté, au fond, à l'intrigue, désireux sans doute de ne pas amoindrir son attitude de protestataire, abandonna vite sa première idée pour se draper dans son intransigeance révolutionnaire. Il ne parut pas dans l'Ariège (2). Dès le 5 mai, avant même d'avoir pu réunir, semble-t-il, toutes les réponses, il fit des déclarations publiques qui convenaient mieux à son tempérament et aussi à la situation. Une longue déclaration, publiée le 9 mai dans la *Démocratie*, faisait connaître, aux Ariégeois, les motifs de sa résolution définitive.

« Vos lettres, disait-il, sont pleines de souvenirs de 1848-49. Elles affirment votre foi inébranlable dans les principes qui nous font vivre et me confirment plus que jamais votre solide et inaltérable amitié.

« A cette époque du vrai triomphe populaire,

---

(1) Nous devons remercier ici M. Delaye, imprimeur à Pamiers, qui a bien voulu nous communiquer, avec la lettre de Pilhes au docteur Frézoul, divers documents.

(2) « J'assistai à Foix, dit Frézoul, chez l'avocat Joffrès, à la réunion... Pilhes fit le mort. Son appel n'avait pas eu d'écho. Arnaud vint seul poser sa candidature. »

ce fut un insigne honneur pour moi de recevoir vos suffrages pour vous représenter. Ce mandat, vous le savez, j'eus à cœur de le remplir sans ménagement aucun pour mes intérêts et ma vie même...

Et après vingt ans de silence, « d'un sommeil de mort pour ainsi dire », il exprime ses sentiments, et, « en toute loyauté de conscience », son opinion. Il ne désire pas « grossir d'une simple unité ce triste noyau d'opposition légale, soi-disant démocratique, qui se tient à mille lieues loin des intérêts du peuple et de la Révolution. » Et il reprend les griefs des républicains à l'égard de l'Empire : « les impôts toujours grossissants, les guerres ruineuses accomplies ou toujours menaçantes, les libertés de tout ordre soigneusement comprimées, la dette s'élevant sans cesse et portée à cette heure au chiffre de 12 milliards, le suffrage universel conduit et dirigé, dominé en tout point par le mensonge et la force. » Il attaque surtout la politique économique, le traité de commerce avec l'Angleterre « notre éternelle ennemie, la doctrine du libre-échange, au nom de laquelle la féodalité anglo-française financière, industrielle, commerciale tend chaque jour à consommer l'état de servage du prolétariat. »

Et, à cet égard, il ne manque pas de tirer argument de la décadence et de la mort des forges à la catalane, principale ressource de l'Ariège, son pays. « Par suite, dit-il, qu'est devenue, dans l'Ariège comme sur tout le territoire, cette industrie qui donnait à notre pays une aisance relative ? De cinq cents forges à la catalane qui résonnaient nuit et jour dans toutes les vallées, pas un foyer qui brûle, pas un marteau qui batte (1)... La misère désormais, conclut-il avec l'exagération propre à son tempérament, seul apanage de tout le pays, laisse sans remède possible, au cœur de tous, une profonde tristesse » (2). Pilhes est décidé maintenant à ne pas grossir l'opposition légale qui a tout sanctionné « par son vote silencieux ». Surtout, il ne veut pas prêter serment, être parjure : « Que d'autres transigent ainsi avec leur conscience, je les plains. Quant à moi, bien résolu à laisser se produire toute candidature soumise à une règlementation pareille, réfugié dans la foi révolutionnaire et dans l'espoir qu'elle entretient dans mon cœur, fortifié et consolé par le travail, la doctrine de la Révolution est mon seul guide, mon phare. Elle me commande, au nom de l'inflexible et immuable justice, la *Protestation.*

---

(1) Il s'agit de 500 feux et non de 500 forges. Il restait à la fin de l'Empire (1868) une dizaine de forges en activité. En 1862, des hauts fourneaux sont installés à Tarascon, cf. Ph. Morère, *L'Ariège avant le régime démocratique : les Forgeurs, (Révolution de 1848, Bullet., 1913).*

(2) Les paysans vendant bien le bétail, connaissent une aisance relative. Cf. du même, *L'Ariège sous le gouvernement de la défense nationale, ibid.,* t. XIII, p. 172.

A vous, bien chers amis, de tout cœur et de toute mon âme. Victor Pilhes, ancien représentant du peuple, Paris-Montrouge, 5 mai 1869. »

Il serait trop simple, semble-t-il, de retrouver dans ce document l'état d'âme d'un candidat évincé. Peut-être Pilhes avait-il songé, en essayant de poser sa candidature, à faire une simple manifestation révolutionnaire sans lendemain (1). Peut-être est-il permis de trouver dans le caractère de l'ancien représentant du peuple l'explication de son attitude en cette affaire : impulsif, prompt à prendre des décisions en apparence contradictoires, il n'en restait pas moins attaché à ses idées. Il est évident d'ailleurs que la candidature de Pilhes n'avait alors, dans l'Ariège, aucune chance de succès. La candidature officielle triomphait ici depuis longtemps et Anglade lui-même, le légendaire *homé de la sal*, l'ancien représentant si populaire auprès des paysans, n'avait obtenu que d'imposantes minorités. Il n'avait pas voulu risquer à nouveau l'aventure et c'est Arnaud qui, sans plus de succès, fut le candidat des républicains (2).

(1) On ne peut affirmer, en aucune façon, qu'il ait été disposé, pour devenir effectivement député, à prêter serment.

(2) Suffrages obtenus par Anglade : 8.743 contre 20.919 en 1863, 7.385, en 1868, lors d'une élection partielle.

***

Quant à Pilhes, il préférait, au fond, les surprises des conspirations aux combinaisons de la politique. Il restait le conspirateur toujours prêt à renverser le régime par un coup de main, comme aux temps héroïques. Nous le retrouvons, à la fin de l'Empire, aux prises avec le gouvernement et sa police, toujours prêt lorsqu'il y a une journée à faire, un coup à donner.

Tout naturellement, il s'associe à l'action révolutionnaire de Blanqui. On sait combien était grande la vénération de Pilhes à l'égard de « l'Enfermé ». Pour Blanqui, Pilhes s'était brouillé, à Belle-Isle, avec ses meilleurs amis. Proudhon disparu, l'ancien représentant de l'Ariège toujours désireux de combattre sous la direction d'un chef, s'était joint au groupe d'hommes énergiques sans cesse grossissant, décidé à jeter l'Empire à bas (1).

Le coup se préparait aux alentours du boulevard Montparnasse. Dans ce quartier, vivaient Eudes et Granger et, non loin de là, à Montrouge, Pilhes. Blanqui lui-même se tenait, sous un nom supposé, dans une chambre louée par ses amis boulevard

____

(1) A. Tournier, plus tard député de l'Ariège, *art. cit.*, déclare avoir entendu Blanqui manifester sa grande estime pour Pilhes.

Montparnasse, non loin de la rue Vivienne et c'est là qu'il recevait Eudes, Granger et Pilhes. Divers projets étaient élaborés, lorsque les premières défaites de 1870, amenèrent l'occasion tant attendue. Le 9 août, jour de la rentrée des Chambres, « la foule mouvementée, houleuse, menaçante » se portait place de le Concorde. Le 10 août, on prévient Blanqui, alors à Bruxelles. Blanqui arrive aussitôt. On se réunit à Montrouge, rue d'Alesia, impasse Jouvence, dans une maison louée par Eudes. C'est là que sont amassées les armes achetées par Granger, « 300 revolvers, 400 poignards lourds fabriqués par un mécanicien qui est de la conspiration ». Blanqui affirme que Granger donna, pour ces achats, 18.000 francs, « toute sa fortune ». Précision importante, car en cette époque d'exaltation patriotique et de défiance inquiète, on fit courir le bruit que, seule, la Prusse avait pu payer ces armes. La soirée du 12, la journée du 13 se passent à discuter le but, les moyens, à établir le plan d'action. « Il y a là, dit Geffroy, Eudes, Granger, Carra, Regnard, Pilhes, Flottes qui arrive de Californie. » Blanqui, d'ordinaire si audacieux, hésite. Il s'agit de s'emparer de Vincennes dont on a relevé le plan : Blanqui montre le danger d'une attaque à main armée. Mais ses amis insistent ; il faut suivre les violents. Rendez-vous est pris pour le lendemain matin à 7 heures, impasse Jouvence : les amis sont prévenus.

Le lendemain, 14 août, un dimanche, les chefs de groupe Eudes, Granger, Pilhes sont là. Blanqui fait connaître le plan : il s'agit non d'attaquer Vincennes mais la caserne des pompiers de la Villette, en plein quartier révolutionnaire. La caserne enlevée, les armes prises, on entraînerait la foule vers d'autres casernes et on étendrait partout la flamme révolutionnaire (1).

Les chefs de groupe vont porter les ordres de tous côtés et à trois heures, sous un beau soleil, le rassemblement se forme tout près de la caserne. Les émeutiers, pour mieux se dissimuler, encerclent un faiseur de tours. Ils sont tout au plus une centaine. Beaucoup de combattants ont reculé devant l'aventure. Pilhes est au rendez-vous. A trois heures et demie le signal est donné. On avait espéré, déclare Blanqui, se saisir des armes par surprise et sans collision (2). Mais la sentinelle jette le cri d'alarme. Pilhes fait feu, la sentinelle blessée est désarmée (3).

---

(1) Pour ce qui concerne l'affaire de la Villette, nous avons consulté surtout la *Patrie en danger*, journal de Blanqui, n° du 16 et 17 septembre 1870. Blanqui présente, à sa façon, le récit de cette affaire. Des extraits de ces articles ont été reproduits dans Claretie, *La Révolution de 1870-71*, Librairie illustrée, t. I, annexes, p. 357. Cf. Geffroy, *L'Enfermé*, CLVI à CLXIX et notes manuscrites d'Aristide Pescaire. Blanqui signale Pilhes « comme l'un des principaux auteurs de l'attaque de la Villette ».

(2) « Il était convenu, affirme Blanqui, de ne faire aucun mal aux pompiers... étrangers aux luttes civiles. »

(3) D'après Geffroy. Blanqui est visiblement préoccupé d'atténuer cet acte. Il assure que « le factionnaire fut blessé d'un coup de revolver en se débattant ».

Blanqui, Granger, Pilhes se précipitent dans le poste, affrontent les baïonnettes, parlent aux soldats. Coups de feu au dehors : les sergents de ville sont accourus. Pilhes, Blanqui, tous ceux qui ont fait irruption dans la cour reviennent, tirent sur les agents qui assaillent leurs camarades et les dispersent. En vain essaye-t-on encore d'entraîner les pompiers, leur lieutenant. L'enlèvement de quelques armes demande même « une lutte assez vive ». L'affaire échoue, il faut se retirer (1). Et par les boulevards extérieurs, vers Belleville, la petite troupe armée défile, rapide, criant à pleine gorge : « Vive la République ! Mort aux Prussiens ! Aux armes ! » La foule laisse passer, indifférente, « sans rien comprendre à cette extraordinaire aventure ». Quelques-uns, « frappés de stupeur », croient avoir affaire à des espions prussiens. Ce qu'il y a de sûr, c'est que « dans ce quartier révolutionnaire de Belleville, l'émeute n'entraîne pas une seule recrue ». (Blanqui.) Il n'y a plus qu'à se disperser. Au bout de deux kilomètres, vers la rue Rebeval et la rue Sambre-et-Meuse, la colonne s'arrête. « Cachez vos armes, disent Blanqui, Eudes et Granger, et dispersez-vous à travers les rues voisines ! » Trois fusils enlevés sont abandonnés, « les revolvers rentrent sous les

______

(1) Quelques historiens affirment que les émeutiers furent maltraités par la foule. Blanqui déclare, lui, que la police survenue frappa à tort et travers les passants inoffensifs. « C'est ce qu'on appelle, dit-il, l'intervention de la foule indignée. »

vêtements » et la dispersion s'accomplit « sans obstacle ». Pilhes est recueilli par son ami A. Pescaire dans la chambre alors inoccupée d'un compatriote. C'est à peine si la police put mettre la main sur deux émeutiers (1).

***

Au 4 septembre, Pilhes est naturellement des premiers à se dresser contre le régime impérial. Il participe à la chute de l'Empire comme il a participé à la chute de la monarchie de juillet. Granger a conté la part que l'ancien représentant de l'Ariège prit aux premières escarmouches et aux incidents qui devaient amener les actes décisifs. « C'était, dit Granger, le 3 septembre au soir. J'étais au café Frontin avec Pilhes que je n'avais pas revu depuis l'affaire de la Villette. Une rumeur profonde, au milieu de laquelle éclatent les cris plusieurs fois répétés et scandés sur l'air des lampions de : Déchéance ! déchéance ! nous annonce l'approche d'une manifestation.

La manifestation était imposante. Elle venait de la Madeleine et se dirigeait sur la Bastille, en rangs pressés et profonds, compacts. Pilhes et moi sortons hâtivement et prenons la tête, au premier rang.

---

(1) Pilhes fut recueilli dans la maison de P. S..., qui est mort juge au tribunal de Saint-Girons. Les condamnés du procès du 31 août obtinrent un sursis. Quelques jours après, c'était le 4 septembre, l'amnistie.

Nous n'avons pas fait cent pas que la route nous est barrée. Toute la largeur du boulevard est tenue par des sergents de ville. C'est la garde du poste Bonne-Nouvelle qui nous charge au pas de course, l'épée nue à la main. Il y eut là une minute assez désagréable... Le mouvement n'avait pas été prémédité. Chacun se trouvait là par hasard, de sorte qu'on n'était pas armé. Pour mon compte, je n'avais songé qu'à mon rendez-vous avec Pilhes et je n'avais pas pris mon revolver.

En voyant se précipiter sur nous ce rang d'épées nues, je crus parfaitement que nous allions être embrochés comme des mauviettes sans résistance et aussi sans fuite possible, poussés que nous étions par la foule, quand tout à coup mon grand gaillard de Pilhes, qui ne m'avait pas du tout dit qu'il était armé, sort son revolver, ajuste rapidement et fait feu. Un agent tombe, blessé à la cuisse.

Alors ce fut magique. Cette trombe de soudards qui se ruait sur nous avec emportement, s'arrêta net, comme par enchantement et nous fit à travers ses rangs une magnifique ouverture, par laquelle passa toute la tête de la manifestation. Un seul coup de feu avait suffi pour arrêter cette horde. » (1) « L'histoire dira, affirme un autre témoin, que ce coup de pistolet de Victor Pilhes a peut-être déter-

(1) *Avenir de l'Ariège*, 14 sept. 1884 : reproduction d'un article du *Cri du peuple* en commémoration du 4 septembre 1870.

miné le mouvement et la victoire du lendemain où, à la première poussée de la foule, sur le pont de la Concorde, la police lâcha pied. » (1).

Avant, comme après le 4 septembre, Victor Pilhes se démène fort. Il se représente lui-même, « couché à 1 ou 2 heures du matin, debout à 7 ou 8 heures pour être dans la rue en tout lieu où la présence de tout patriote clairvoyant était nécessaire » (2).

Sa pensée se tourne vers son pays, l'Ariège. Qu'a-t-on fait, que va-t-on faire, qui va-t-on mettre à la tête du département ? Dès le 6 septembre, il se rend au Ministère de l'Intérieur, demande au chef de cabinet Ferry : « Quelles dispositions prenez-vous pour la préfecture de l'Ariège ? » Et Ferry lui annonce qu'Anglade a été acclamé par la population de son pays, qu'il occupe la préfecture. Le Ministre vient à l'instant de confirmer cette nomination. « A la bonne heure, répond Pilhes, Anglade est l'homme qui convient mieux que personne, c'est un ami de vieille date et je n'ai rien à dire. »

(1) *Ibid.*, récit fait par Cournet. La manifestation, selon ce dernier, se composait d'une foule de citoyens et de mobiles de la Seine criant : « La déchéance ! A bas l'Empire ! Vive la République ! » « Tout à coup, dit-il, un homme, un de ceux qui avaient été de l'affaire de la Villette, le citoyen Pilhes, ancien constituant de 1848, s'avança seul vers les sergents de ville, arma froidement son revolver et fit feu... Les bandes policières se dispersèrent comme une volée de corbeaux sous le coup de fusil du chasseur. » Se rappeler que Pilhes fit partie de la Législative, non de la Constituante. C'est à cette scène que fait allusion Vallès dans l'*Insurgé*, Charpentier 1914, p. 187. Vallès ajoute : « Y a-t-il quelque célèbre en tête ? Pas un. »

(2) Lettre à Anglade, 17 sept. 1870. *(Papiers Anglade.)*

C'est que Pilhes ne veut à aucun prix qu'on.appelle à la préfecture de son département, Arnaud de l'Ariège. Il faut se rappeler qu'Arnaud et Pilhes ne sont guère faits pour s'entendre. Sous la seconde République, ils se sont séparés au moment des élections, il ont ensuite émis des votes divergents (1) et le démocrate chrétien par la distinction de ses manières, sa douceur, se trouvait éloigné de l'attitude outrancière, de l'exaltation sans mesure de l'ancien détenu de Belle-Isle. Pour Pilhes, Arnaud n'est plus « qu'un jésuite, un intrigant, un tartufe » ; à l'entendre, son ancien collègue aurait fait antichambre dans le ministère, dès le 5 septembre au matin et aurait renouvelé ses instances, le soir, pour obtenir la préfecture de Foix. Le 6 encore, au moment où Pilhes sortait du ministère, Arnaud serait revenu à la charge (2). Est-ce seulement le désir d'écarter

(1) C'est ainsi qu'Arnaud n'a pas signé la demande de mise en accusation du Prince-Président, à la veille du 13 juin.

(2) Lettre à Anglade, 17 septembre *(Papiers Anglade)*. Pilhes invoque le témoignage de Lissagaray, chef du personnel, et d'Albert Brun, de Toulouse, sous-chef au même bureau. Arnaud, de son côté, fait connaître qu'il faillit devenir préfet de l'Ariège. « Il s'en est peu fallu que je ne me suis mis en route pour aller vous rejoindre », écrit Arnaud à un ami de Mirepoix, le 10 septembre 1870. Et il affirme que « Gambetta lui avait offert un moment la préfecture de l'Ariège ». Les événements de l'Ariège, l'insistance de Pilhes contribuèrent sans doute à faire écarter cette solution. On racontait dans le pays qu'Arnaud aurait répondu : « Je vous remercie, en ce moment, ma place est sur les remparts de Paris. » Cf. Ph. Morère. *L'Ariège sous le Gouvernement de la Défense nationale. Révol. de 1848*, t. XIV, n° 77.

Arnaud qui conduisait Pilhes auprès du gouvernement, ou bien Pilhes espérait-il recommencer 1848 et revenir, comme alors, à la tête du département de l'Ariège? On ne saurait le dire.

CHAPITRE XIV

La Défense nationale ; la Commune

Quoi qu'il en soit, le pessimisme révolutionnaire et l'exaltation patriotique de Pilhes, à mesure que les jours s'écoulent, ne font que s'accentuer. Le 16 septembre, il adresse à son frère une lettre dans laquelle il exprime, au point de vue patriotique, « la douleur la plus cuisante ». Le 17 septembre, il écrit à son vieil ami Anglade : « ...Chaque jour, depuis l'irréparable et immense désastre de Beaumont et de Sedan, a porté mon angoisse et mon désespoir à son comble : je ne suis pas seul ici à éprouver tant de cruelles pulsations de cœur, je ne suis pas seul non plus, dans ce moment suprême, où la patrie court les plus grands dangers, à avoir pris les résolutions les plus décisives et en même temps terribles. La France, mon cher Anglade, ne peut se sauver de la honte et de la ruine générale que par l'accomplissement prompt et sin cère d'un grand acte de justice. Pour la France, c'est l'ennemi de l'intérieur qui est le plus à craindre et c'est lui qui cause le plus de mal. L'ineptie, l'énervement, la lâcheté, la trahison, sont partout... Voilà quinze jours d'écoulés depuis la grande journée du 4 septembre. Pourquoi n'y a-t-il pas, à cette heure, un million d'hommes debout, armés de toutes pièces marchant sur Paris et vers l'Est? Et pourquoi ne sommes-nous pas en mesure à cette heure, non pas de combattre avec quelque avantage seulement, mais d'entourer les Prussiens par un cercle de fer vivant et de les étouffer tous jusqu'au dernier? » Et il ajoute « que le *parti national,* bien décidé à s'ensevelir sous les décombres de la capitale, est nombreux et que les lâches et les traîtres y passeront les premiers.

« Combien d'heures s'écouleront avant que l'hécatombe soit accomplie? Les hommes qui ont accepté le trop lourd fardeau de la défense nationale sont déjà bien coupables aux yeux de tout sincère patriote qui leur a offert toute son énergie et la vie sans réserve aucune. Que sera-ce de nous ici, demain, après-demain? La France, dans 8 jours sera-t-elle morte à jamais ou vivante encore? O désespoir! » (1).

On retrouve ici les illusions de ceux qui pensaient alors voir se renouveler les exploits de 1792 et, d'au-

(1) Lettre à Anglade, 17 septembre.

tre part, l'état d'âme d'un futur partisan de la Commune.

***

Très connu pour sa bravoure, son patriotisme, son passé révolutionnaire, Pilhes fut élu par les citoyens du IVe arrondissement commandant de la garde nationale pour le 212e bataillon. On sait que les choix se portèrent d'une façon générale sur les chefs de la future révolution. Le 29 septembre, par voie aérienne, en une lettre pleine d'enthousiasme révolutionnaire, Pilhes annonçait la nouvelle à son frère Aubin... « Nous irons à Berlin, disait-il, où nous proclamerons la république.....

Mourir dans la lutte, ou mourir après, cela m'est égal.

Je finis.

Mais écoute bien ceci :

Lâche et traître quiconque est parti de Paris abandonnant le poste d'honneur.

Justice sera faite un jour.

Ils sont déjà cloués au pilori. Toute la population prend les notes les plus précises et puis nous compterons.

Adieu, fais ton devoir, comme je fais le mien. »

On attribuait au commandant du 212e bataillon des paroles empreintes d'une farouche énergie. « J'ai juré à tout mon bataillon, aurait-il dit, que le premier officier qui reculera d'une semelle au moment de marcher en avant sera arrêté court par une balle de mon revolver. » (1).

L'élégant jeune homme de 1848 était devenu un militaire corpulent, à la forte carrure, aux traits empâtés, au masque énergique. Il devait se battre courageusement à Champigny et à Choisy-le-Roi. A Choisy-le-Roi, l'amiral Pothuau l'avait placé non loin de la voie ferrée, près de la Gare-aux-Bœufs, pour protéger une section d'artillerie. Solidement assis sur son cheval, dominant le terrain de combat de sa haute taille, il maintint « sous un ouragan d'obus et de mitraille » ses hommes, troublés, indécis. Il resta là jusqu'à ce que gardes nationaux et fusiliers marins eussent enlevé à l'arme blanche la Gare-aux-Bœufs. L'amiral Pothuau félicita l'intrépide commandant (2).

Pilhes, par sa belle tenue, son audace, son sang-froid, avait provoqué l'enthousiasme et l'admiration de ses soldats. Le 24 novembre, ils composèrent en son honneur une chanson intitulée : *Le 212 en avant !* Deux couplets surtout reflètent l'état d'esprit des combattants :

---

(1) *Patrie en danger,* journal de l'Ariège (30 octobre).

(2) Pescaire : Visite à Pilhes, *République de l'Ariège* (27 octobre 1882) et notes manuscrites. Nous avons retrouvé deux portraits de Pilhes en costume de commandant de la garde nationale, l'un chez M. Pescaire, Tarascon, l'autre chez M. Calvet, Aulus.

Le Français meurt, c'est vrai, mais la France immortelle
Lui survit à travers les temps
Pour proclamer la République universelle
Et renverser les conquérants ;

. . . .

Lorsque l'épée au vent notre commandant Pilhes
Dit : Bataillons... serrez vos rangs
C'est lui Léonidas, barrant les Thermopyles
Mais c'est nous, tudieu ! les Cinq-Cents ! (1)

Pilhes fut de ceux qui voulurent la lutte jusqu'au bout, à outrance, comme on disait alors. Les journaux ariégeois la *Patrie en Danger,* le *Républicain de l'Ariège,* publiaient ses lettres empreintes d'une sauvage énergie.

**

Quand vint la paix, le nom de Pilhes reparut sur la scène politique ariégeoise. Dès octobre 1870, lorsqu'il avait été question d'élire les représentants à l'Assemblée constituante, une assemblée composée des électeurs influents de l'arrondissement de Foix avait décidé de considérer comme non expiré le mandat des représentants de l'Ariège, élus au scrutin du 13 mai 1849. 1870 devait continuer 1848. Les élections furent, on le sait, renvoyées. Lorsqu'elles eurent lieu, en février 1871, on s'en tint d'une

(1) Cinq couplets, *Républicain de l'Ariège,* 26 février 1871,

façon générale à ce qui avait été décidé en octobre. Cette façon de voir provoqua des protestations. Au nom des « générations nouvelles » on revendiqua le droit de « discuter, de peser toutes les candidatures ». « Il faut qu'on nous permette, disait un correspondant de Saint-Girons au journal l'*Ariège républicaine*, de déchirer le voile qui entoure l'arche sainte et protège de son ombre tutélaire MM. Pilhes, Vignes, Pons-Tande et Arnaud et de discuter leurs candidatures. » On protesta contre la « petite église », la distinction entre républicains de la veille et républicains du lendemain (1).

L'exaltation patriotique et révolutionnaire de Pilhes effrayait un peu ses compatriotes. Il était pour eux « le Rouge ». Quelques-uns rappelaient le surnom de « Pilhard » donné en 1848. Pour les paysans de l'Ariège il était un terroriste et, en quelque sorte, un réprouvé, flétri par sa condamnation de 1849 dont ils ne voulaient pas retenir les motifs. Enfin, il avait vécu à Paris, loin de l'Ariège; il paraissait être un étranger, un homme du passé. L'*Ariège républicaine* refusait « de l'accepter comme candidat sans le connaître » et dès le mois d'octobre des délégués de Saint-Girons demandaient que le nom de Pilhes ne figurât pas sur la liste républicaine (2).

(1) *Ariège républicaine*, 13 octobre.
(2) *Ibid.*

En février, il vint dans l'Ariège, non sans diffi-
culté. Le 2 février encore (1), il n'avait pu obtenir du
préfet de police le permis accordé aux candidats à la
députation en province.

Il apparut à Tarascon, sa ville natale, un jour de
foire, en uniforme de commandant de la garde nationale, grandes bottes autour des jambes, grosse pipe
à la bouche. De tous côtés on regardait cet homme à
la haute taille, à la forte carrure, aux mains énormes, au costume étrange. « Vous ne me reconnaissez
pas, disait-il à des paysans attroupés, j'étais en 1849
votre député. » Et sur la place publique où se dres-
sait, il y avait cinq mois à peine, le buste de l'Empereur, près de la fontaine, monté sur une grosse
pierre, il faisait le procès de l'Empire. Il lançait
d'une voix tonnante ces mots qui faisaient frémir les
populations à peine émancipées : « *L'Empérur es un
boulur* » (2).

Il eut avec son ami Anglade, alors préfet de
l'Ariège, également candidat, de fréquentes et cordiales entrevues (3). Le mardi 7 février au soir,
veille des élections, une réunion publique avait été

(1) Il écrivait à cette date au préfet de police : « L'exclusion dont
je suis l'objet, sans motif aucun, sans légitimité apparente, ne pour-
rait-elle pas me faire supposer que vous abritez de votre arbitraire
certaines rancunes et des passions occultes ?... » Sur les laissez-
passer délivrés par la Préfecture de police cf. Ed. Lepelletier, *Histoire de la Commune de 1871*, t. I, p. 168.

(2) Renseignement communiqué par l'abbé Bedel et Pierre Blazy.

(3) *Papiers d'Anglade.*

organisée au théâtre de Foix pour entendre les délégués envoyés par les républicains avancés à Bordeaux, auprès de Gambetta. Les délégués n'étaient pas arrivés. La séance s'ouvre : Victor Pilhes, en tenue de chef de bataillon, se présente salué par une salve d'applaudissements. Il raconte les événements dont il a été témoin, les diverses phases du siège de la capitale, il rappelle « la douloureuse convention du 28 janvier qui livrait Paris aux Prussiens ». « Sa voix se couvre de larmes. » « Vive émotion. »

Succès tout à fait local. La liste républicaine est battue et Pilhes vient au dernier rang avec 14.139 voix. L'arrondissement de Saint-Girons, où il est le plus discuté, ne lui accorde que 1996 suffrages (1).

Au début de mars, Pilhes est à Bordeaux, alors le centre du Gouvernement. Mais les graves événements qui se préparent dans la capitale le rappellent au milieu de ses amis. Il s'associe, dès le début, à l'insurrection de la Commune. Sa participation au mouvement fut d'ailleurs de courte durée. La Commune se préoccupait de délivrer Blanqui condamné à la déportation par un conseil de guerre pour participation à la journée du 31 octobre. L'éternel conspi-

(1) Ph. Morère : *L'Ariège sous le gouvernement de la Défense nationale, op. cit.*

rateur avait cherché un asile dans le Lot, auprès de sa nièce. Cloué au lit par une bronchite aiguë, il avait été arrêté, le 19 mars, par le procureur de Figeac. On l'avait conduit d'abord à l'hôpital de Figeac, puis à la prison de Cahors. Le gouvernement songeait à l'envoyer secrètement au fort du Taureau, dans un îlot, en face Morlaix. Il s'agissait de délivrer d'urgence le chef révolutionnaire pour le mettre à la tête du mouvement. On songea, pour cette mission, à Granger et à Pilhes, les deux compagnons du « Vieux ». Un crédit de 50.000 francs fut voté. Dès la fin mars, Granger et Pilhes se mirent en route. Les deux amis ne tardèrent pas à se séparer. Granger, sans autre argent que le sien, s'en alla rôder vainement autour de la prison de Figeac, « poursuivant désespérément ses travaux d'approche ». Le soir du 19 mai, sur le quai de Morlaix, alors que Blanqui n'avait pas encore quitté Cahors, des inconnus auraient offert 5.000 francs à un commis de marine, lieutenant de la garde nationale, afin d'arracher le captif, lors de son passage, au gouvernement (1). Pilhes fut-il mêlé à cette tentative mystérieuse ? On ne saurait le dire. Son intervention paraît ici vraisemblable, si l'on se rappelle qu'il avait de nombreux amis en Bretagne et qu'il y séjourna souvent.

(1) Geffroy, *op. cit.*, CCXI et suivants.

CHAPITRE XV

Les mauvais jours.
La fin d'un représentant du peuple.

Après la Commune, Pilhes reparut dans sa ville natale, à Tarascon. Une dernière fois, il brigua les suffrages populaires. En juillet 1871, il fut candidat aux élections au conseil général dans son canton. Il combattit les candidatures conservatrices, l'une royaliste, l'autre bonapartiste. Avec l'aide d'Adolphe Garrigou, le compagnon des luttes politiques, ancien membre de la commission provisoire de 1848, il constitua un comité cantonal où étaient représentés les délégués des 22 communes.

Pilhes obtint de grands succès oratoires. « Les électeurs, écrivait-il à son ami Ferrère, de Saurat, ancien candidat à la députation en 1848, sont électrisés par mes discours. » Les temps étaient changés, Pilhes discrédité. Il n'obtint qu'une faible minorité.

Il songea à se fixer à Tarascon. Il racheta en partie

le domaine dilapidé et s'installa non dans la vieille maison, sur la place des couverts, où était morte sa mère et qui appartenait maintenant à l'une de ses sœurs, mais dans la ferme des Pilhes, entre la rivière et la route de Tarascon à Foix. Il en transforma la partie orientale dont il fit orner la façade. Modeste demeure, précédée d'une petite cour, au milieu des champs, face aux schistes violets de la montagne nue (1).

Là, toujours prodigue, toujours accueillant, il tenait table ouverte, dépensait sans compter, recevait ses amis, ses fidèles venus des environs. De mauvais bruits couraient sur son compte : on s'étonnait de ses dépenses, dans un pays où l'économie était de règle. On déclarait avoir vu chez lui des monceaux de pièces d'or. D'où provenait cet argent ? Les imaginations travaillaient. Des amis politiques, non des moindres, regardaient le vieux révolutionnaire avec défiance. Le bruit courut qu'il s'était approprié l'argent destiné à délivrer Blanqui.

Peut-on ajouter foi à ces bruits ? Dans quelle mesure ces accusations sont-elles fondées ? Il serait bien difficile de le dire. Ce qu'il y a de sûr, c'est qu'avant sa participation à la Commune Pilhes disposait de quelque argent : les envois faits à plusieurs reprises

(1) Renseignements communiqués par MM. Faure Jules et Aristide Pescaire.

à son neveu Calvet semblent l'indiquer (1). Pour délivrer Blanqui, dit Lissagaray, « il aurait fallu davantage ». D'ailleurs, ajoute-t-il, « une partie des fonds était dans la caisse du Comité le jour de l'entrée des Versaillais » (2). D'autre part, il ne faut pas oublier que Pilhes était large et généreux et qu'il aurait facilement dépensé au cours de ses déplacements et de ses recherches, la totalité ou une grande partie de la somme qui aurait pu être mise, le cas échéant, à sa disposition. M. Geffroy affirme, de son côté, nous l'avons vu, que Granger, compagnon de Pilhes, agit par ses propres moyens. Il n'est pas certain, dès lors, que ce dernier ait touché quelque argent de la Commune.

Toutefois l'ancien déporté de Doullens et de Belle-Isle, le lieutenant de Proudhon et de Blanqui, le partisan de la Commune ne manqua pas d'attirer l'attention du gouvernement de l'ordre moral. Des poursuites furent engagées, des ordres d'arrestation lancés. Pilhes put se cacher dans une excavation de rocher, sur la montagne dominant sa maison : au fond de la cavité aménagée, on avait même jeté des matelas. La métairie était pleine de gendarmes, à la recherche du prévenu. Avec le sabre, ils fouil-

(1) Billet adressé à M. Calvet, 10 mars 1871, envoi de 1000 francs. Total des envois à ce jour 6000 francs. Daté de Bordeaux, hôtel Nicolet.

(2) Lissagaray, *Histoire de la Commune de 1871*, Dentu, 1896, p. 430.

laient meules et tas de foin. De loin, du haut des rochers, Pilhes et ses amis regardaient s'agiter les tricornes. Les investigations longtemps se poursuivirent. Le fugitif, pour se soustraire définitivement aux recherches, dut gagner l'Espagne. Par des chemins détournés, à travers les montagnes de Gudanes, guidé par un maçon de Tarascon, puis par un pâtre, il atteignit la frontière (1). Etrange destinée que celle des Pilhes ! Un des frères de Victor, Aristide, une vingtaine d'années avant, avait dû lui aussi passer à l'étranger pour se soustraire aux rigueurs de la police bonapartiste.

Pilhes mena en Espagne une existence misérable. « Je traîne, écrivait-il de Puigcerda, le 1er avril 1874, à son neveu Calvet, une pénible vie de déceptions, d'amertumes, non de regrets. Vie de privations... Ai-je combattu pour autre chose que pour le bien et la justice ? Cette semaine, sans doute, je quitterai Puigcerda. Où serai-je ? Je n'en sais rien encore » (2).

Au cours de l'année 1875, il reparaissait à Tarascon, misérable, mais indomptable, cramponné à ses idées. C'est avec satisfaction qu'il note l'accueil fait

----

(1) Renseignements communiqués par MM. Blazy, de Bompas, Durandeau, ancien maire de Foix, et Aynié, de Saint-Paul, originaire de Tarascon. En 1851, Aristide Pescaire après s'être caché dans une métairie des environs de Saurat fut conduit par deux chasseurs de cette localité dans les montagnes des Trois-Seigneurs et de là jusqu'en Espagne. Lettre de F. L. à Laborde, président du Conseil général de l'Ariège, communiquée par M. C. Laguerre.

(2) Lettre à Calvet (archives de l'hôtel Calvet à Aulus).

par sa ville natale au président Mac-Mahon, venu dans l'Ariège pour rendre visite aux inondés de Verdun, et, avec joie, il enregistre les cris alors significatifs de « Vive la République ! » (1).

Mais la vie publique est finie pour Pilhes : il vit à Tarascon oublié, méconnu, abreuvé de dégoût. Il passe son existence en cette métairie qui a gardé son nom, suscitant chez les uns d'étranges admirations, chez les autres un mystérieux effroi. Des récits de vert-galant, mêlés à des histoires d'exploits politiques, de conspirations, rôdaient autour de ce robuste vieillard. Des gens du peuple, ouvriers, paysans venaient lui rendre visite, partager ses repas. Il était, de la part de certains, l'objet d'un culte naïf : tel apportait au héros républicain des fruits, tel autre une pièce de gibier, le plus beau coq de sa basse-cour, tel autre offrait un fût de son vin. Et les donateurs, en termes expressifs, disaient aux passants toute la ferveur de leur culte (2).

Pilhes, de son côté, se promenait dans les villages d'alentour, ne manquait pas d'aller voir, car il les connaissait de longue date, les vieux républicains,

---

(1) *Ibid.* Lettre du 6 juillet à sa nièce Berthe (datée de Tarascon). Pilhes note « l'absence absolue » de toute autorité. Une femme du marché ayant voulu manifester en faveur du Maréchal, « le public présent a poussé le double cri formidable de : Vive la République ! Vive le Président de la République ! »

(2) L'un d'eux disait en montrant le coq qu'il apportait à Pilhes : « Je vais voir Pilhes, le républicain, aussi rouge que la crête de ce coq. »

s'entretenait avec eux, acceptant, les jours de fête, leur cordiale invitation, contant ses aventures, disant tout le mépris que lui inspiraient les vilenies du passé, les abdications du présent (1). Une lettre adressée à son ami Pescaire, le 28 décembre 1876, révèle son état d'esprit. Comme Pescaire lui demandait des renseignements sur son passé en vue d'une biographie, destinée à paraître dans l'*Histoire des Ariégeois*, Pilhes lui répondit par ces mots empreints d'une mélancolique dignité :

« Cher compatriote et ami,

« ..... Je ne veux pas aborder ici tous les motifs qui me font vous adresser, avec regret, mon refus à la proposition que vous me faites. Ce seraient des feuillets interminables et hors de saison dans ces jours de tristesse et de deuil. C'est vous dire assez que, loin d'avoir au cœur ni gaieté, ni même une satisfaction quelconque, je n'éprouve à la suite de tous mes souvenirs et de mes réflexions sur le présent et sur l'avenir, que les atteintes de la plus profonde tristesse à laquelle se mêle parfois le désespoir. Que voulez-vous, mon cher ami ? Les choses sont ainsi en moi après 38 ans de luttes, de sacrifices jusqu'à l'abandon de ma vie, après

(1) Je tiens de mon père, qui eut souvent l'occasion de voir Pilhes sur ses vieux jours, plusieurs renseignements. D'autres m'ont été communiqués par MM. Jules Faure, P. Blazy, A. Aynié, Albert Mot.

l'expérience que j'ai rudement acquise au milieu de l'hypocrisie bourgeoise et du mensonge qui ne fait que croître de plus en plus. » Et il justifie ainsi son attitude : « 1° La galerie des soi-disant hommes de l'Ariège ne devrait être faite qu'au point de vue de la flagellation et non pour servir de louange et d'admiration aux générations futures. L'exaltation des hommes du jour n'est, à mes yeux, qu'une amère dérision : tristes, bien tristes modèles à suivre ! J'espère bien qu'un jour ils seront appréciés et jugés selon leurs mérites.

« 2° Il n'entre pas dans ma manière de voir et dans mes principes de donner moi-même des notes devant servir à mes biographies quelques détaillées ou succinctes qu'elles fussent. Il n'y a que les faiseurs, les chercheurs de popularité qui pratiqueront une pareille conduite.

« 3° Vous devez savoir, si vous avez appris à me connaître, que la politique n'a jamais été pour moi qu'une question de dévouement à la cause de la justice, et que je n'en ai jamais fait un métier. Que d'autres y fassent avec soin et succès leurs affaires, cela les regarde. Quant à moi, je n'ai jamais eu en vue, sous le rapport de l'intérêt personnel, que le triomphe des principes ou la mort. — Laissez-moi donc, cher ami, dans la retraite et l'effacement où les événements m'ont rejeté et laissez à l'avenir le soin de juger lui-même avec toute vérité et toute sincérité tout homme qui aura prétendu jouer un rôle dans le monde... » (1).

[*]

Lorsqu'à partir de 1879 le gouvernement appartint aux républicains, on se souvint à Paris de celui qui, pour la République, avait largement payé de sa personne. Une petite retraite de 3000 francs fut assurée à l'ancien représentant du peuple. D'autre part, Jules Grévy venait d'être nommé président de la République : il avait été le collègue de Pilhes à l'Assemblée législative et il avait pu apprécier son dévouement, ses qualités de cœur. Il l'attacha au personnel de l'Elysée. Pilhes exerça les fonctions de régisseur du palais. Au cours d'une fête donnée à la Présidence, le poète ariégeois Lafagette eut l'occasion de le voir dans ses fonctions. Jovial, accueillant avec rondeur, le verbe haut, il était visiblement heureux de faire, tout particulièrement à ses compatriotes, les honneurs de la demeure présidentielle (2).

Il s'assombrit quand on lui parle de politique. Emile Darnaud, le fils de l'ancien député d'opposition dynastique, lui écrit en mai 1880 pour lui demander son appréciation sur les diverses candidatures, ses vues sur la prochaine consultation élec-

(1) A Aristide Pescaire, Tarascon, 28 nov. 1876.
(2) Notes manuscrites de A. Pescaire. Nous tenons de Raoul Lafagette le récit d'une de ces réceptions à l'Elysée.

torale. Pilhes lui répond, désabusé : « Je n'ai pu me défendre de jeter un regard sur le passé — quarante années et plus de luttes de tout ordre — et je n'ai retrouvé, pour toute consolation, que le souvenir de mes déceptions, de mes douleurs, de mes regrets. » Et « sans détour et sans arrière pensée », « en toute franchise », dit-il, il indique quelles doivent être les conditions de toute candidature qui s'affirme devant le suffrage universel et flétrit toutes manœuvres qui procèdent d'une basse ambition, appuyée sur la ruse, la duplicité, le mensonge et la calomnie » (1). Voici en quels termes Pilhes définit les devoirs du candidat : « Toute candidature devant le suffrage universel, quelle qu'elle soit, doit être l'expression de la pensée générale, qui reflète les aspirations et la volonté des électeurs.

« Un candidat n'a, selon mes idées, le droit de se présenter au corps électoral que lorsque celui-ci l'a suffisamment indiqué et désigné même. Agir autrement, comme je vais le dire tout à l'heure, c'est tomber non seulement dans le ridicule, mais en quelque sorte insulter à l'opinion publique. Dans une pratique contraire, condamnée d'avance par le bon sens et la pudeur, le candidat qui s'impose à l'opinion publique par des procédés que l'honnêteté et la justice repoussent, qui par la ruse, le mensonge,

---

(1) *République de l'Ariège*. 1882. Une partie de cette lettre a été publiée par Duclos, *Histoire des Ariégeois*, t. VI, p. 648.

la mauvaise foi, par l'intrigue et la calomnie **parvient**
à fausser l'esprit public, celui-là n'est, à mes yeux,
que le candidat indigne, que tout patriote sincère a
pour devoir de flétrir et de repousser. Combien
d'exemples n'aurions-nous pas à signaler, acquis par
une expérience déjà bien longue, à la honte, pour
ainsi dire du suffrage lui-même !

« Vous le voyez, mon cher compatriote, tout mon
passé témoigne de mon aversion pour ceux qui,
dans une basse ambition, ne reculent devant aucun
moyen pour atteindre leur but.

« Que l'opinion, préalablement préparée et mieux
éclairée, se manifeste et s'affirme en faveur d'un
candidat quelconque, jugé digne d'avance de le
représenter, alors seulement ce candidat en har-
monie avec les vrais principes de la démocratie,
peut avec droit manifester au corps électoral ses
aspirations et ses sentiments, ses espérances et ses
résolutions fondées, légitimes.

« A ce double point de vue j'ai toujours eu en horreur et je hais aujourd'hui plus que jamais toutes
manœuvres qui procèdent d'une basse ambition appuyée sur la ruse, la duplicité, le mensonge et la
calomnie.

« Tels sont mes sentiments, que je vous expose en
toute franchise.

« Agréez, etc.

« V. PILHES,

ancien représentant du peuple qui fit toujours son
devoir. »

Pilhes ne devait pas exercer longtemps les fonctions de régisseur. Les excès, les fortes émotions, les longues années de captivité, toute une vie d'agitation avaient brisé sa forte constitution. Des souffrances intimes avaient ébranlé ses nerfs, éteint peu à peu sa vitalité joyeuse. A des intervalles plus ou moins éloignés des hémorragies successives s'étaient produites dans son cerveau. Apoplectique à forme chronique, il finit par devenir impropre à tout travail.

On dut l'envoyer, aux frais de l'Etat, à Charenton, spécialement aménagé pour toutes les catégories de maladies nerveuses.

Son état ne tarda pas à empirer. On dut le placer à l'infirmerie. Il passa ses derniers moments dans une grande salle aux murs recouverts d'un badigeon bleu : de chaque côté six lits, au milieu une table « très basse, très longue, recouverte d'une toile cirée » ; aux deux extrémités, un poêle de faïence. Dans un coin de la salle, « assis dans une attitude de sphynx, mains jointes sur les genoux, tête pensive légèrement inclinée, André Gill, le célèbre caricaturiste ».

Pilhes était placé dans un grand lit, « sorte de caisse en bois de noyer à bords élevés pour empêcher les chutes. »

Deux amis fidèles, deux compatriotes, A. Pescaire et le félibre Albert Tournier, le futur député de l'Ariège, vinrent le voir à ses derniers moments. L'avant-dernière nuit, comme il criait fort, un de ses voisins impatienté s'était levé et « l'avait frappé avec une violence inouïe ». La tête était légèrement enflée, une large ecchymose recouvrait presque tout son visage... la bouche s'ouvrait hideuse, les lèvres étaient ourlées de noir ». La pensée était morte, il ne restait plus que « la vie végétative », On parla au moribond de Foix, de Tarascon, des amis. Il eut un moment de lucidité, il « tourmenta tous les muscles de son appareil vocal pour parler... » Puis revint la somnolence, les mains « errant dans l'espace, sur les draps ». Une hématurie s'était déclarée. Ce n'était plus qu'une affaire de jours...

Le 2 novembre, après une crise des plus aiguës prévue par le médecin, Victor Pilhes succombait.

Il fut enterré, le samedi 4 novembre, au petit cimetière de la commune de Saint-Maurice. Il n'y eut, pour rendre les honneurs à l'ancien représentant du peuple, que sept personnes : trois employés subalternes de l'Elysée, quatre amis Ville, Ménard (1), Dupuy et Pescaire. Personne de la famille, pas même ses deux sœurs, ses héritières. Il fut, suivant le règlement de la maison, enterré religieusement. Le *Requiem*, assure Pescaire, « fut prononcé entre deux bâillements par un prêtre qui

---

(1) Ménard, ami de Proudhon et auteur du *Prologue d'une révolution*.

avait hâte d'en finir ». Dupuy se trouva mal, il fallut l'asseoir sur une tombe voisine. « Victor Pilhes, conclut Pescaire, méritait mieux que cela. » (1).

*
* *

Certes, Pilhes fut plus un homme d'action que d'idées. On peut lui reprocher ses vulgarités, ses violences, ses exagérations, sa foi romantique et un peu puérile dans l'excellence de sa cause, sa faconde de commis-voyageur et d'homme du Midi, son extrémisme en tout « même dans la douleur ». (Proudhon.)

Mais nul ne conteste le dévouement chevaleresque de « ce brave de la démocratie laborieuse », le généreux désintéressement qui lui fit négliger ses intérêts personnels, la part qu'il fut appelé à prendre, au prix de sa liberté, au péril de sa vie à la fondation du régime démocratique. Proudhon et Blanqui souvent rendirent hommage à leur ami « passionnément attaché à l'idéal » patriotique et révolutionnaire. Proudhon trouvait en lui l'âme d'un Achille. « C'était un héros », affirment, amis ou adversaires, ceux qui l'ont connu. C'est pourquoi « ce Bayard de la démocratie ariégeoise » (2) que d'autres préoccupations ou

(1) Aristide Pescaire, *République de l'Ariège*, 22 octobre et 1ᵉʳ novembre 1882.

(2) C'est l'expression dont se sont servis MM. Raoul Lafagette et Emile Darnaud, le fils de l'ancien représentant, pour nous exprimer leurs sentiments à l'égard de Pilhes. Cf. abbé Duclos, *Histoire des Ariégeois*, t. VI, pp. 646-649.

le dédain trop explicable de ceux qui ont profité de ses sacrifices avaient voué à l'oubli, mérite d'avoir sa place, à côté des héros des luttes romantiques, dans l'histoire du parti républicain et révolutionnaire, au premier rang des amis de Ledru-Rollin, de Proudhon et de Blanqui.

INDEX DES NOMS

Martin (Albert), 13.
Marveille (de), 106.
Massat, 105, 106.
Maupas, 181.
Maxime du Camp, 26.
Menaut, 169.
Mercadier, 126.
Mijanès, 73.
Miot, 36, 38.
Mirepoix, 4, 170.
Molé, 26, 28.
Monbet, 154.
Montaillou, 105.
Montferrier, 90.

N

Napoléon (prince), 180, 181, 182, 183.
Noyez, 9, 56, 79, 83.

O

Oudinot, 140.
Oust, 52, 80.

P

Palais (le), 174.
Pamiers, 4, 67, 69, 135, arr. 107, 108, 110, 135.
Pagès de l'Ariège, 80.
Paya, 153.
Pelet (général), 171.
Persigny, 181.
Pescaire (A.), 5, 9, 163, 211.
Pescaire (F.), 6.
Peyrat, 203.
Piétri, 171.
Pilhes (D'). 3.
Pilhes (J.-F.), 2.
Pilhes (Daniel), 5.
Pilhes (Aristide), 5, 135, 163, 170.

Pilhes (Aubin), 5, 9, 218.
Pflieger, 141, 169.
Prades, 152, 187.
Pradières, 101.
Prayols, 52, 99.
Proudhon, 2, 10, 13, 14, 15, 17, 18, 19, 49, 50, 72, 142, 161, 165, 166, 167, 173, 175, 176, 177, 180, 199, 207.
Pons-Tande, 138, 140, 169. 202, 221.
Pothuau, 219.
Pyat (F.), 10, 19, 34, 169.

Q

Quérigut, 99, 100, 104, 119, 134.
Quinet (Ed.), 21, 188.

R

Rabat, 52, 99, 103.
Rancié, 52, 198.
Rattier, 169.
Recurt, 115.
Regnard, 208.
Ribeyrolles, 37.
Ricard (de), 201.
Rimont, 105.
Robert de l'Yonne, 169.
Rolland, 169.
Rouaix, 64, 65, 138, 140, 169.
Rougeat, 169.
Rousse, 202.
Rozier, 41, 44.

S

Saint-Girons, 58, 62, 63, 64, 65, 69, 74, 82, 221, 223.
Sainte-Beuve, 195, 196.
Sans, 6, 163.
Sarrut, 6.

TABLE DES MATIÈRES

ERRATA

Page 16, ligne 17, lire *ressusciter* au lieu de *ressuciter*.

— 148,   — 10, — *mourions*   —   *mourrions.*

— 181, en note, — *roumain*   —   *romancier.*

— 195, ligne 14, — *cessa*   —   *cesse.*

— 208,   — 22, — *Flotte*   —   *Flottes.*

Foix. — Imprimerie GADRAT Aîné.